La Torche Vibrante

Ou

Torche Numéro 10

Rév. Renaut Pierre-Louis

Pour toutes informations regardant nos ouvrages et vos brochures évangéliques, adressez-vous à:

Peniel Southside Baptist Church
P.O. Box 100323
Fort Lauderdale, Fl 33310
Phone: 954-242-8271
954-525-2413
Fax: 954-623-7511
Website: www.penielbaptist.org
Website: www.theburningtorch.net
E-mail: renaut@theburningtorch.net
E-mail: renaut_cyrille@hotmail.com

Copyright © 2015 by Renaut Pierre-Louis
Tous droits réservés @ Rév. Renaut Pierre-Louis

Attention : Il est illégal de reproduire ce livre en tout ou en partie sous quelque forme ou par quelque procédé que ce soit, électronique mécanique, photographique, sonore, magnétique ou autre, sans avoir obtenu, au préalable, l'autorisation écrite de l'auteur.

Les ouvrages dans les trois langues française, anglaise et créole, sont aussi disponibles chez :

Morija Book Store:
1387 Flatbush Ave   Brooklyn, N.Y. 11210
Phone: 718-282-9997

Michel Joseph:
192-21   118 Rd   St Albans, N.Y. 11412
Phone: 917-853-6481   718-949-0015

Rév. Julio Brutus:
P.O. Box. 7612   Winter Haven, FL 33883
Phone: 863-299-3314 ; 863-401-8449

Rev. Edouard Georcinvil
725 NE 179th Terr N. Miami Bch, FL 33162
Phone: 305-493-2125

Rév. Evans Jules:
Eglise Baptiste Bethel
5780 W. Atlantic Ave   Delray Beach Fl 33444
561-452-8273   561-266-5957

Iliana Dieujuste
2432 Indian Bluff Dr   Dracula, GA 30019
Phone: 954-773-6572

Série 1

En Christ

Avant-propos

A mon humble avis, cette série aurait dû paraitre depuis longtemps. Pourquoi a-t-elle tardé? Sans nul doute, Dieu veut créer en nous la faim et la soif de sa Parole. Amos.9:11 Vous devez aussi vous rappeler que c'est poussés par le Saint Esprit que des hommes ont parlé de la part de Dieu. Nos belles phrases ne sauraient vous édifier et vous changer. Ainsi nous ne sommes que de faibles instruments entre les mains de la Toute Science et la Toute Puissance. Soyez-en un et agissez suivant sa dictée.

Rev. Renaut Pierre-Louis

Leçon 1
Une nouvelle créature

Versets pour la préparation: Ge.9:5; Es.44:22; 45:22; Mt.5:8, 48; 8:26-27; Mc.7:32-37; Lu.5:5, 20; Jn.1:14; 3:1-10; 14:6; 15:1-10; 2Co.5:11-18; Ga.2:20
Versets à lire en classe: 2Co.5:11-18
Verset de mémoire: Si quelqu'un est en Christ, il est une nouvelle créature. Les choses anciennes sont passées; voici, toutes choses sont devenues nouvelles. **2Co.5:17**
Méthodes: discours, comparaisons, questions
But: Constater le changement indispensable dans une personne convertie.

Introduction
Le plus grand miracle réalisé dans la vie de quelqu'un est celui de la conversion. Vous allez certes me demander pourquoi. En voici les raisons.

I. **Depuis le Jardin d'Eden, l'homme est en fuite devant Dieu.**
   1. Puisque le péché le rend laid, même les bêtes le fuient. Ge.9:5
   2. Il voit en Dieu son juge et non le Père tendre et secourable. Quoique Dieu lui dise: Tournez-vous vers moi et vous serez sauvé, il ne revient pas, il continue à courir loin de la face de l'Eternel. Es.44:22; 45:22

II. **Jésus vient l'arrêter dans sa fuite.**
   1. Il s'est fait homme pour s'approcher de l'homme Jn.1:14.

2. Il veut habiter parmi nous pour éliminer la distance entre nous et son Père et aussi pour faire de nous ses amis. Jn.15:13-14
3. Il nous prépare un plan de voyage pour nous ramener à son Père. Jn.14:6

III. Jésus restaure l'homme dans sa position première. 2Co.5:17
1. Il met sa Parole en nous. Et cette Parole nous rend pur. Jn.15: 3
2. Avec le cœur pur nous pouvons **revoir** Dieu. Mt.5:8
3. Avec le cœur pur, nous pouvons tout obtenir de Dieu puisque sa Parole est en nous. Jn.15:7

IV. Il nous donne des démonstrations miraculeuses de cette Parole.
1. **Dans la vie de l'homme:**
   Par le pardon de nos péchés. Lu.5:20
2. **Dans la nature:**
   Par la pêche miraculeuse. Lu.5:5
3. **Par son autorité sur les éléments.**
   Il calme la tempête. Mt.8:26-27
4. **Par son autorité sur les démons.**
   Il les chasse. Mc.7:32-37

Jésus travaille en nos cœurs pour nous rendre **semblable** à lui. Que personne désormais ne dise: «On ne peut me demander d'être **comme le Christ**». Ga.2:20

Et comment serez-vous une épouse digne pour vous asseoir à ses côtés, dans le royaume des cieux, si vous n'êtes pas parfait comme il le réclame? Mt.5:48

Conclusion
Tachez de réviser votre conception dès maintenant avant qu'il ne soit trop tard.

Questions

1. Qu'est-ce qui rend l'homme laid devant Dieu?
    Le péché
2. Que fait-il depuis sa chute?
    Il est en fuite devant Dieu
3. Qu'est-ce que Dieu a fait pour le ramener à lui?
    Il nous envoie Jésus-Christ, le sauveur du monde.
4. Qu'est-ce que Jésus-Christ a fait pour nous?
    a. Il est mort pour nous.
    b. Il habite parmi nous.
    c. Il habite dans nos cœurs.
    d. Il rend nos cœurs purs et rétablit notre relation avec notre Père.
5. Comment Jésus nous inspire-t-il confiance?
    a. Il pardonne nos péchés.
    b. Il produit des miracles parmi nous.
    c. Il chasse les démons et guérit des malades.
6. Qu'est-ce qu'il exige de nous?
    Que nous soyons parfaits comme son Père céleste.

Leçon 2
Caractéristiques exceptionnelles

Textes pour la préparation: 2R.4:18-23; Ps.25:15; 42:3; 103:2; 121:1; Jé.15:16; Mal.3:18; Mc.4:37-40; Ac.4:13, 32; 5:28-29, 41; 17:11; 2Co.12:9-10; Ro.12:12; Col.1:24; 3; 13; 1Th.5:23; Ja.2:15-16; Ja.1:27; 2Pi.1:5-8
Versets à lire en classe: Jé.15:15-21
Verset de mémoire: J'ai recueilli tes paroles, et je les ai dévorées; tes paroles ont fait la joie et l'allégresse de mon cœur. **Jé.15:16**
Méthodes: discours, comparaisons, questions
But: Présenter le profil spirituel du chrétien

Introduction
Il est un fait qu'à la conversion, le croyant manifeste un esprit tout à fait différent et tout le monde peut s'en rendre compte. Si vous voulez en témoigner, vous direz ceci:

I. Il est dominé par l'envie de sonder les Ecritures
1. Mon âme a soif de toi, du Dieu vivant, diront les fils de Koré. Ps.42:3
2. Jérémie dirait: «J'ai recueilli tes paroles et je les ai dévorées. Jé.15:16
3. Les chrétiens de Bérée étudiaient la Bible soigneusement chaque jour. Ac.17:11

II. Il manifeste un esprit de joie
1. Au milieu de l'adversité ce même Jérémie dira: «Tes paroles ont fait la joie et l'allégresse de mon cœur. Car ton nom est invoqué sur moi. Jé.15:16b

2. Les apôtres étaient joyeux d'avoir été trouvés dignes de subir des outrages pour le nom de Jésus-Christ, car l'Esprit de Dieu était en eux. Ac.5:41

III. Il manifeste un esprit de paix
1. Il ne craint point les mauvaises nouvelles. Avec un cadavre sur le bras, la Sunamite dira: «Tout va bien» 2R.4: 18-23
2. Les disciples étaient paniqués devant la tempête. Mais après avoir reçu l'onction de Jésus, ils gardèrent une ferme assurance devant les tempêtes répétées des persécutions. Mc.4:37-40; Ac.4:13; 5:28-29; Col.1:24

IV. Il manifeste un esprit d'amour
1. Le chrétien est prêt à sacrifier ce qu'il a et ce qu'il est pour aider le prochain. Ac. 4:32 et Ja.2:15-16
2. Il est prêt à excuser les autres pour leur attitude. Col.3:13

V. Il développe un esprit de prière.
1. Tout est un prétexte pour engager une conversation avec Dieu. 1Th.5:23
2. La prière pour lui n'est pas une série de phrases articulées, mais un mode de relation avec Dieu. David dira: «Je tourne **constamment** les yeux vers l'Eternel.» Ps.25: 15a
3. Il aura un carnet de notes pour enregistrer ses requêtes avec leur date et laissera une colonne pour noter les dates correspondantes à l'exaucement.

De cette manière, il pourra dire avec David: «Mon âme, béni l'Eternel et **n'oublie aucun de ses bienfaits**». Ainsi en adorant, il verra combien le nombre en est grand. Ps.103:2

VI. Il développe une endurance devant les épreuves
1. Les épreuves sont pour lui une opportunité de connaitre Dieu dans une autre dimension. Pas de murmure, ni irritation ni de blâme sur autrui à cause des circonstances adverses. 2Co.12:9-10
2. Il est patient dans l'affliction. A l'hôpital, il ne regarde pas au plafond de la salle mais à la voûte du ciel où Christ est assis à la droite du Père. Voilà qui le rend calme et serein. Ro.12:12; Col.3:1
3. Plus il est persécuté, plus il se rapproche de Dieu. Ps.121:1

VII. Il développe un esprit de service
1. Il veut servir Dieu dans les autres avec humilité et obéissance. Le handicap physique n'est pas pour lui une excuse. 2Pi.1:5-8
2. Voilà qui établit la différence entre le protestant et le chrétien. Mal.3:18; Ja.1:27

Conclusion
Et maintenant, cher bien-aimé, je vous invite à prendre cette leçon comme un thermomètre pour mesurer votre degré de relation avec Dieu et avec vos frères. Veuillez seulement à être honnête devant les résultats.

Questions
1. Comment savoir si quelqu'un est réellement converti?
   Son comportement est différent.
2. Donnez des exemples.
   a. Il est dominé par l'envie de connaitre la bible.
   b. Il est joyeux même au milieu de l'adversité.
   c. Il manifeste un esprit de paix, d'amour et de prière.
   d. Il développe de l'endurance devant les épreuves.
   e. Il ne s'embarrasse de rien quand il s'agit de servir Dieu.
3. Donnez un exemple de chrétiens amoureux de la Bible.
   Les chrétiens de Bérée
4. Comment justifier l'esprit de paix dans les disciples.
   Ils ne paniquent plus devant les problèmes.
5. Comment justifier l'amour des premiers chrétiens ?
   Ils partagent leurs pains avec les autres.
6. Donnez un exemple de chrétien fervent. David.
7. Comment? Il vous dit: «Je tourne constamment les yeux vers l'Eternel.»
8. Quel principe peut-on recommander aux chrétiens dans leurs prières?
   Ils doivent prendre note des bienfaits de Dieu.

Leçon 3
Une défense exceptionnelle

Versets pour la préparation: Ge.2:26; 3:15-23; Ex.14:14; Ps.46:1-10; 91:1; 139:5; 140:8; Es.41:10; 43:3, 5; Ac.2:38; Ro.8:1; Ep.6:11-17; Ph.2:12; Col.3:3; 1Th.5:23; 1Jn.5:19
Verset à lire en classe: Es.41: 10-13
Verset de mémoire: Ne crains rien, car je suis avec toi ; Ne promène pas des regards inquiets, car je suis ton Dieu ; Je te fortifie, je viens à ton secours, Je te soutiens de ma droite triomphante. **Es.41:10**
Méthodes: discours, comparaisons, questions
But de la leçon: Constater le changement indispensable dans une personne convertie.

Introduction
Quand un incident grave vous arrive une fois, vous prenez d'ordinaire toutes les mesures possibles pour éviter qu'il se répète. C'est ce que nous allons constater dans le cas d'Adam.

I. Son identité
1. Il était corps, âme et esprit. Il pouvait communiquer avec Dieu, son Père sans barrière. D'ailleurs, c'est son fils qu'il a créé d'après son propre image. Ge.1:26.
2. Ce n'est pas le corps ni l'âme qui l'ont rendu semblable à Dieu mais l'Esprit Saint qu'il a fait habiter en l'homme. Jc.4:5
3. Satan vient pour déguiser Adam et le rendre inutilisable. Il a réussi. Dès lors Adam est le premier homme et le premier pécheur. Il est

maintenant privé de la gloire de Dieu. Il doit laisser le paradis au plus tôt. Ro.3:23

II. Sa réhabilitation
1. Dieu le Père envoie Jésus pour réparer l'homme. Après son péché, il est devenu seulement corps et âme. Dès lors, il devient vulnérable. C'est pourquoi la Bible dit que le monde entier est sous la puissance du malin.1Jn.5:19
2. A la conversion, Dieu nous fait don du Saint Esprit et nous pouvons communiquer avec le Père. Ac.2:38
3. Il le met dans nos cœurs. Et nous devons garder purs le corps, l'âme et l'esprit. 1Th.5:23
4. Cependant, l'original de notre vie n'est plus entre nos mains. Il est caché avec Christ en Dieu. Col.3:3
5. Ce que nous sommes ici-bas en est une photocopie.
6. Jésus travaille en nous pour que notre condition terrestre soit conforme à l'original auquel Satan ne peut toucher. Ph.2:12
7. C'est pourquoi, il n'y a aucune condamnation pour ceux qui sont en Jésus-Christ. Ro.8:1

III. Sa protection
1. Dieu nous entoure par derrière et par devant et il met sa main sur nous. Aucune raison de paniquer à l'heure du danger. Ps.139:5
2. Dès notre conversion, c'est Dieu qui mène nos combats et les termine. Ps.46:10

a. Il nous demande de garder le sang-froid et de nous reposer à son ombre. Ex.14:14; Ps.91:1.
   b. Il couvre même notre tête au jour du combat. Ps.140:8
3. Il nous protège avec toutes les armes de Dieu. Ep.6:11-17
4. A la fin du combat, il nous dira: «Venez et constatez les ravages que j'ai opérés sur la terre». Ps.46:9
5. Cette protection va tellement loin que Dieu préfère donner des hommes à notre place parce qu'il a trop investi en nous pour nous livrer au malin. Esa.43:3,5 Comprenez ici, des gens que dans sa prescience, Dieu voit qu'ils ne seront jamais convertis.

Conclusion
Je n'ai aucun intérêt à me croire adulte pour m'occuper de mes problèmes et de mes affaires. Je veux rester enfant entre ses mains. Voulez-vous faire comme moi?

Questions

1. Comment était Adam à l' origine?
   A l'image de Dieu.

2. Qu'est-ce qui le rendait semblable à Dieu?
   Le Saint Esprit en lui.

3. Comment a-t-il perdu ce privilège?
   Il désobéit à Dieu.

4. Qu'est-ce que Dieu a fait pour nous réhabiliter?
   Il a sacrifié Jésus, son Fils pour nous redonner la vie.

5. Comment eut lieu le processus?
   a. Il met l'original de notre vie dans le ciel.
   b. Il habite dans notre corps pour nous rendre semblable à lui.

6. Comment fait-il pour nous protéger?
   Il nous entoure par derrière, par devant et il met sa main sur nous pour nous rendre invisible aux yeux des ennemis.

7. Qui prend notre défense?
   Dieu seul.

Leçon 4
Une connaissance exceptionnelle

Textes pour la préparation: Ex.14:14; Ps.36:10; 46:9-10; 91:1; 139:5; Ps.140:8; Es.43:3, 5; Mt.5:14; 11:25; Mt.16:13, 15; Jn.8:12, 47; 14:26; 16:13; 17:3; Ac.5:3-4; 17:11; Ro.1:8; 1Co.14:32; Ga.5:20-21; Ep.6:11-17; 1Th.5:4; Hé.4:13; 2Pi.3:17
Versets à lire en classe: 1Jn.2:23-27
Verset de mémoire: Car auprès de toi est la source de la vie; par ta lumière nous voyons la lumière. **Ps.36:10**
Méthodes: discours, comparaisons, questions
But: Mettre en relief les privilèges du Chrétien en Christ

Introduction
Quand on est en Christ on jouit d'un privilège exceptionnel, un privilège qui doit susciter de la jalousie. Et je vais vous en dire pourquoi.

I. C'est l'œuvre du Saint-Esprit dans le croyant
Quel privilège d'avoir le Saint-Esprit pour professeur! Il nous enseigne toutes choses et nous rappelle tout ce que Christ avait dit. Jn.14:26
  a. Nous savons que le jour du Seigneur ne viendra pas sur nous à l'improviste. Nous sommes avertis par les signes des temps. 1Th.5:4
  b. Nous savons que la vie éternelle c'est de connaitre Dieu et son Fils, Jésus-Christ. Jn.17:3
  c. Nous sommes des révélés par l'Esprit contrairement aux païens. 2Pi.3:17

Ainsi personne ne pourra venir nous bafouer en nous disant: «L'Esprit me dit alors que l'Esprit ne leur avait jamais parlé».
1. Ce professeur ne va pas à tâtons. L'Esprit vous conduit dans toute la vérité. Jn.16:13 Nul ne peut lui mentir impunément. Ac.5:3-4
2. Ce que les savants ignorent, nous le connaissons car les choses cachées sont à Dieu et les choses révélées sont à nous ses enfants. Mt.11:25

II. C'est la manifestation de la divinité en nous

1. Jésus est la lumière du monde. Il le proclame. Jn.8:12 Et vous devez retenir que rien n'est caché à ses yeux, que tout est à nu devant celui à qui nous devrons rendre compte. Hé 4:13
2. Il fait de nous des lumières pour le monde en sorte que nous ne brillions pas par notre propre lumière, mais nous reflétons Christ dans notre conduite. Mt.5:14; Jn.8:12

    Jésus peut vous poser la question: «Qui dites-vous que je suis». Il pourrait aussi dire: «Que faites-vous dire de moi?» Mt.16: 13,15

    Paul parle de certains chrétiens dont la mauvaise conduite porte les païens à blasphémer. Mais il félicite les chrétiens de Bérée pour leur assiduité à l'Etude Biblique (Ac.17:11) et les chrétiens de Rome dont la foi est renommée dans le monde entier. Ro.1:8
3. Cette lumière est nourrie par une source de lumière qui jaillit dans nos cœurs. Ps.36:10; Mt.5:14

4. Retenez que la lumière, prise au sens figuré, peut aussi signifier la connaissance. 1Jn.2 :27

III. Et comme conséquences
1. Nous vivons dans une parfaite obéissance à la Parole. Jn.8:47
2. Nous montrons beaucoup de respects pour les hommes de Dieu à cause de l'Esprit qui est en eux. Les esprits des prophètes sont soumis aux prophètes. Pas de chamaillerie, de querelle, de jalousie et des divisions.1Co.14:32; Ga.5:20-21
3. Nous agissons suivant la dictée de l'Esprit sans faire aucun cas de notre vie. Ac.20:24
4. Nous sommes joyeux même au milieu des souffrances. Ro.12:12
5. Et nous servons Dieu dans les autres.

Conclusion
Voilà la condition de vie spirituelle de celui qui est rempli de la connaissance de Jésus-Christ. Examinez-vous bien-aimé, pour savoir si vous êtes dans la foi, si vraiment Jésus-Christ est en vous. De toutes les façons, vos œuvres le feront reconnaitre.

Questions

1. Quel est dans cette leçon le privilège du croyant en Jésus-Christ?
   Il est doté d'une connaissance exceptionnelle.

2. Comment expliquer ce privilège?
   a. Il est averti du retour de Jésus-Christ.
   b. Il a la vie éternelle.
   c. Il est révélé par l'Esprit.
   d. L'Esprit le conduit dans toute la vérité.

3. Comment Jésus se manifeste-t-il en nous?
   Il fait de nous des lumières pour le monde.

4. Comment peut-on le reconnaitre?
   a. Par notre parfaite obéissance à sa Parole.
   b. Par le respect pour les hommes de Dieu.
   c. Par la joie que nous éprouvons au milieu de la souffrance
   d. Par les services rendus au prochain à cause de Jésus-Christ.

Leçon 5
Un avenir exceptionnel

Textes pour la préparation: Ps.22:4; Mt.28:20; Ro.12:1-12; 15:1; 2Co.5:2; Ga.2:20; 5:26; Col.3:1-3; Hé.10:25; Ja.2:15-26; 2Pi.1:5-8; 3:13
Versets à lire en classe: Col.3:1-3
Verset de mémoire: Si donc vous êtes ressuscités avec Christ, cherchez les choses d'en haut, où Christ est assis à la droite de Dieu. **Col.3:1**
Méthodes: discours, comparaisons, questions
But: Montrer les résultats d'un avenir en Christ.

Introduction
Le plus grand bienfait du Christianisme est la garantie de notre salut en Jésus-Christ. Il a tout payé. Tout est accompli à la croix du calvaire. Avec son Saint-Esprit, il met sur nous le sceau de la citoyenneté céleste. Que nous faut-il encore?

I. Mettre en application les grandes vertus chrétiennes. 2Pi.1:5-8
1. Exercer la foi en Jésus-Christ. Ja.2:26
2. Etudier la Bible pour mieux connaitre la volonté de Dieu. Ro.12:2
3. Parler avec modération pour ne pas dire au prochain des propos blessants. Col.3:8
4. User de patience et de persévérance pour savoir attendre dans la prière. Ro.12:12
5. S'exercer à la piété pour ne pas négliger les services par pure fantaisie. Hé.10:25
6. Etre sensible aux problèmes des frères et des sœurs dans le Seigneur. Ja.2:15-16

7. Exercer la tolérance en supportant les faibles. Ro.15:1; Ga.5:26

II. Garder notre nouvelle vie cachée avec Christ en Dieu. Col.3:1-3

Ainsi nous pourrons démontrer que notre condition de vie terrestre est en accord avec notre vocation céleste en Jésus-Christ. On fera souci pour les choses d'en haut, savoir:
1. L'Evangélisation qui est la priorité de Jésus. Mt.28:20
2. La louange à Dieu en tout temps. Ps. 22:4
3. Une vie de prière et d'abandon complète à la volonté de Dieu. Ga.2:20

III. Proclamer partout le monde que Jésus est roi.
1. Nous devons nous rappeler que nous sommes les sujets de son royaume éternel. Col.3:1
2. Nous attendons de nouveaux cieux et une nouvelle terre où la justice habitera. 2Pi.3:13
3. Nous gémissions dans cette tente et nous voulons revêtir notre domicile céleste. 2Co.5:2

Conclusion

Si nous n'avons pas **la nostalgie** des choses d'en haut, nous aurons sans aucun doute, **le vertige** pour les choses d'en bas. Ainsi, nous serons sourds à l'avertissement de l'Archange et au son de la trompette de Dieu. Dépêchez-vous mon ami et réveillez-vous!

Questions

1. Quel est le plus grand bienfait du Christianisme?
   Savoir que notre salut est assuré
2. Citez cinq grandes vertus chrétiennes
   a. La foi en Jésus-Christ
   b. L'Etude de la Bible
   c. La persévérance dans la prière
   d. L'amour du prochain
   e. La patience envers les faibles
3. Comment reconnaitre une vie cachée en Jésus-Christ? Quand on donne
   a. La priorité à l'évangélisation,
   b. La priorité à la louange à Dieu
   c. La priorité à une vie de prière
4. Que jouissons-nous en proclamant que Jésus est roi?
   a. Nous sommes les sujets du royaume.
   b. Nous attendons de nouveaux cieux et une nouvelle terre.
   c. Nous gémissons dans cette tente en voulant revêtir notre domicile céleste.
5. Quel est le sceau de notre citoyenneté céleste?
   Le sceau du Saint-Esprit.
6. Qu'arrive-il si nous n'avons pas d'envie pour les choses du ciel?
   Nous aurons le vertige pour les choses de la terre.

Leçon 6
Une vision exceptionnelle

Textes pour la préparation: Ps.25:14; Es.53:5; 65:17-25; Je.23:25-29; Ez.33:1; Da.12:1-3; Amos.2:1; 3:7; Mc.16:17; 1Co.6:19; Ep.1:16-17; Hé.1:1; Ap.19:14-16; 20: 4-12; 21:1; 22:1-5
Versets à lire en classe: 1Co.2:9-12
Verset de mémoire: En ce temps-là, Jésus prit la parole et dit: Je te loue, Père, Seigneur du ciel et de la terre, de ce que tu as caché ces choses aux sages et aux intelligents, et de ce que tu les as révélées aux enfants. **Mt.11:25**
Méthodes: discours, comparaisons, questions
But: Montrer la relation d'intimité du chrétien avec son Seigneur.

Introduction
Quand Dieu veut nous attirer vers le ciel, son Saint-Esprit nous dirige vers les choses d'en-haut. Quand il veut nous déléguer sur la terre, il nous met dans une position pour contrôler les choses d'en bas. D'où notre pouvoir et notre autorité sur cette planète.

1. **Comme ministre plénipotentiaire**.
    1. Pour chasser les démons
    2. Pour guérir des maladies
    3. Pour saisir des serpents
    4. Pour neutraliser les effets des poisons violents.
    5. Pour accomplir des miracles et des prodiges. Mc.16:17
    Puisque nous avons un pouvoir, nous devons l'exercer en vertu de l'autorité de l'Esprit qui est en nous. 1Co.6:19

2. Comme porte-parole de Dieu.

1. Le prophète dira: «La Parole de l'Eternel me fut adressée en ces mots». «Ainsi parle l'Eternel.». Sa parole est finale. Elle brûle comme du feu et frappe comme un marteau au cœur de l'assemblée. Jé.23: 29; Ez.33:1; Amos.2:1 Si le peuple ne se repent pas, le châtiment de Dieu le frappera. Je.23:29
2. Le prophète voit loin, dans l'avenir. Il ne raconte pas des songes de mensonge pour endormir un peuple ou pour l'égarer. Nul ne peut venir vous bafouer avec leur songe de mensonge. Dieu vous empêchera d'être victime des faux, des mensonges de ceux qui utilisent le nom du Saint Esprit pour tromper. Jé.23:25-28

3. Comme un phare sur la plage, perçant l'ombre de la nuit.

1. La Bible parle des Apocalypses, c'est-à-dire des révélations sur les choses dernières et que nous vivons actuellement dans ces derniers temps.
   a. **Des révélations du prophète Daniel**, il y a 2600 ans de cela. Il nous renseigne sur la grande Tribulation et sur les deux résurrections. Da.12:1-3
   b. **Des révélations du prophète Esaïe**, il y a 2700 ans de cela. Il nous renseigne sur la venue du Messie souffrant Es.53:5, sur son œuvre d'évangélisation Es.55:1-7, et sur le millenium. Es.65:17-25
   c. **Des révélations de l'apôtre Jean**, il y a environ 2000 ans de cela. Il nous renseigne sur la fin des nations, la fin de

la planète terre, le règne millénaire et l'éternité. Ap.19:14-16; 20:4-6, 11-12; 21:1; 22:1-5
2. Dieu ne fait rien sans avoir révélé ses secrets à ses serviteurs les prophètes. Amos.3:7
   a. Les hommes de Dieu de tous les temps ont une vision exceptionnelle. Dieu parle par eux. Hé.1:1
   b. Du temps des «rejetés» des années quarante en Haïti, on prenait Jean Joyeux pour un fou. Aujourd'hui ceux qui l'avaient connu disent: «Voici ce dont a parlé Jean Joyeux.»

Conclusion

N'en soyez pas jaloux. Les secrets de l'Eternel sont pour ceux qui le craignent. Ps.25:14. Les révélations de Jésus-Christ sont pour ceux qui sont **en Christ** et qui le servent. Ep.1:16-17 Où en êtes-vous alors?

Questions

1. Qu'est-ce que Dieu fait pour nous attirer vers le ciel?
   Son Saint-Esprit dirige notre attention vers les choses d'en haut.

2. D'où vient notre autorité sur cette planète?
   Du Saint-Esprit

3. Quelle est l'étendue de notre pouvoir?
   Nous pouvons
   a. Chasser les démons,
   b. Guérir les malades
   c. Neutraliser les effets des poisons
   d. Accomplir des miracles et des prodiges, le tout au nom de Jésus-Christ

4. Jusqu'où va la vision du prophète?
   Il voit l'avenir

5. Combien d'Apocalypses connaissez-vous?
   L'Apocalypse d'Esaïe, de Daniel et de l'apôtre Jean

6. Quel est le privilège rare du prophète?
   Dieu ne fait rien sans le lui révéler.

7. Que nous dit Jésus en ce sens?
   Les choses cachées sont à Dieu; les choses révélées sont à nous ses enfants.

Leçon 7
Une espérance exceptionnelle

Textes pour la préparation: Lé.1:1-9; Mc.16:16; Jn.1:29, 35-39; 3:16; Ac.2:39; Ro.8:1; Ep.2:13; 6:15; 1Co.1: 23; 2:2; 15:58; Ga.2:20; Col.1:24-27; 3:3; Hé.10:20; Ap.1:18

Verset à lire en classe: Col.1:24-29

Verset de mémoire: Dieu a voulu leur faire connaître la glorieuse richesse de ce mystère parmi les païens, savoir: Christ en vous, l'espérance de la gloire. **Col.1:27**

Méthodes: discours, comparaisons, questions

But: Montrer à tous la garantie que Jésus donne aux croyants.

Christ en vous:
  I. Le Christ crucifié, **l'espérance de la gloire**
  II. Le Christ ressuscité, **la preuve de notre victoire** permanente
  III. Christ glorifié, **la garantie de notre gloire** à venir.

Introduction

Certaines gens adoptent un style de vie à la faveur d'un changement de fortune. C'est normal. Ne trouvez-vous pas aussi normal un changement de direction, d'attitude et de vie dans la personne du chrétien? Comment d'après vous, peut-on comprendre son comportement?

Tout simplement, il est dominé par trois concepts:

I. Premier concept: Le Christ crucifié
  1. Cette idée dans l'Ancien Testament.

Pour comprendre ce concept, il faut vous rappeler que dans l'Ancien Testament, vous deviez amener vous-même à l'autel un animal que vous sacrifiez pour chaque péché commis. Lé.1:1-9

2. Cette même idée est développée dans le Nouveau Testament.
   a. **Pour les disciples de Jean.**
   Quand Jean disait à ses disciples: **Voici** l'agneau de Dieu qui ôte le péché du monde, aucun d'eux n'a bougé de sa place. **VOICI** ici a le sens de FAIRE CONNAISSANCE.
   Mais quand le lendemain, il leur dit: **VOILA** l'agneau de Dieu. «**Voilà**» a le sens d'un résultat, d'un résultat attendu, car désormais, ils n'auront pas à sacrifier leurs boucs et leurs taureaux pour chaque péché commis. Le sacrifice de Jésus, l'agneau de Dieu, va suffire. **Dès lors ils laissèrent Jean pour suivre l'agneau.** Et ils l'ont suivi jusqu'à la croix du sacrifice. Jn.1:29,35-39
   b. **Pour l'apôtre Paul:**
   Il ne connait que Christ et Christ crucifié. Christ est le sacrifice parfait pour sa rédemption. 1Co.1:23; 2:2
   c. Il porte ce Christ en lui pour s'identifier à lui. Ga.2:20
   C'est pourquoi il n'a pas peur de souffrir pour l'Evangile de Christ. Au contraire, ce qui manque aux souffrances de Christ il l'achève dans sa chair. Col.1:24
   Ce Christ est pour lui l'espérance de la gloire à venir. Col.1:27

II. **Deuxième concept: Le Christ ressuscité**
1. Il consacre notre victoire sur le péché, sur le Diable et sur la mort. Il n'y a donc maintenant aucune condamnation pour ceux qui sont en Jésus-Christ. Ro.8:1
2. Il fait provision pour ceux-là qui sont encore dans leur péché et qui un jour le reconnaitront comme sauveur. Ac.2:39
3. Nous pouvons hisser le Drapeau de liberté que donne l'Evangile de paix.Ep.6:15
4. Nous sommes investis de l'autorité pour chasser les mauvais esprits, pour guérir les malades et faire des miracles au nom de Jésus-Christ. Mc.16:17
Ce Christ ressuscité est la preuve de notre victoire permanente. 1Co.15:58

III. **Troisième concept: Le Christ glorifié.**
1. Jésus est champion sur la mort, sur le séjour des morts. Ap.1:18
2. Il est qualifié pour nous ouvrir une route nouvelle au travers du voile de sa chair. Hé.10:20
3. Le ciel est un acquis pour les rachetés. Jn.3:16 Notre carte de citoyenneté céleste est signée avec son sang et paraphée avec la croix du Calvaire. Ep.2:13
Ce Christ glorifié est la garantie de notre gloire à venir. Col.3:3

Conclusion
Suivons le Christ jusque sur le Calvaire, Ayons toujours sa mort devant les cieux. Si nous souffrons

avec lui sur la terre, nous règnerons avec lui dans les cieux. CE.# 210

Questions

1. Quels sont les trois grands concepts de l'Espérance chrétienne?
Le Christ crucifié, le Christ ressuscité, le Christ glorifié.
2. Comment a évolué l'idée du Christ crucifié dans l'Ancien Testament?
Dans l'Ancien Testament, le pécheur devait lui-même sacrifier un animal pour son péché.
3. Comment a évolué cette idée dans le Nouveau Testament?
    a. Jésus est l'agneau de Dieu offert en sacrifice pour le péché du monde.
    b. Le pécheur doit s'identifier à Christ dans sa mort et dans sa résurrection.
    c. Le chrétien n'a donc pas peur de souffrir et de mourir pour son Sauveur.
4. Quel est l'effet de la résurrection de Jésus-Christ?
    a. Il nous donne la victoire sur le diable, le monde et la chair et la mort.
    b. Il nous donne l'autorité sur les mauvais esprits et le don de guérir les malades.
    c. Il fait provision pour ceux-là qui se convertiront un jour
    d. Il nous donne une parfaite liberté.
5. Quels sont nos bénéfices à cause d'un Christ glorifié?
    a. Jésus nous ouvre une route nouvelle pour le ciel.
    b. Nous sommes devenus citoyen de la cité céleste.

Leçon 8
Un système exceptionnel de communication

Textes pour la préparation: Ge.22:9-12; Ex.14:2; Mc.16:17-18; Lu.7:7,10; 13:3,5; 22:20; Jn.3:18; 14:3, 17; 15:5, 12-15; 16:3; 20:22-31; Ep.2:6; 1Ti.2:3-4; Hé.1:1; Ap.1:1; 22:5

Versets à lire en classe : Jn.15:12-15

Verset de mémoire: Quand le consolateur sera venu, l'Esprit de vérité, il vous conduira dans toute la vérité. **Jn.16: 13**

Méthodes: discours, comparaisons, questions

But: Montrer comment le Saint-Esprit met le chrétien au courant des choses célestes.

Introduction
Si vous croyez que l'homme est un élément isolé sur la planète, vous êtes dans l'erreur. Quelqu'un au contrôle de qui rien n'échappe, gouverne l'univers. Dieu est son nom. Jésus est descendu du ciel pour nous le présenter comme «Notre Père qui est aux cieux.» Mt.6:9; Jn.3:18 Comment veut-il nous parler?

I. **De plusieurs manières. Hé.1:1** En guise d'exemples
1. Par les prophètes. Ils diront: «Ainsi parle l'Eternel.» Es.43:14 Cette expression n'est nulle part dans le Nouveau Testament que Jésus appelle «la Nouvelle Alliance.» Lu.22:20
2. Par les miracles et les prodiges. La manne de chaque jour est un miracle. La traversée de la Mer Rouge est un prodige. Ex.14:21-22; 16:4
3. Par des signes: le sacrifice d'Isaac par Abraham. Ge.22:9-12

Tous étaient pour annoncer le Messie promis pour notre délivrance.
4. Finalement il nous parle par le sacrifice de Christ sur le Calvaire. Hé.1:1

II. De manière à faire passer son message
1. Pour nous informer sur le plan de Dieu en vue de nous sauver. 1Ti.2:3-4
Jean dira: «Mais ces choses ont été écrites afin que vous croyiez que Jésus est le Christ et qu'en croyant vous ayez la vie en son nom.» Jn.20:31
2. Pour nous autoriser à le servir. Il nous communique son Saint-Esprit pour faire des choses que sans lui nous n'aurions pu faire. Mc.16:17-18; Jn.15:5; 20:22
3. Pour nous avertir d'un jugement.Lu.13:3, 5
4. Cet Esprit-là va avec vitesse. Vous n'avez qu'à l'appeler pour qu'il œuvre même à distance. Ps.147:15; Lu.7:7,10

III. De manière à assurer notre plan de voyage éternel.
1. Esaïe avait prédit l'ampleur de cette communication:
   a. La terre dit-il, sera remplie de la connaissance de l'Eternel. Es.11:9
   b. Jésus vient et met son Saint Esprit **en nous** pour nous conduire dans toute la vérité. Jn.14:17; 16:13
2. Il nous donne des signes de son retour. Mt.24:12
3. La dernière révélation nous est communiquée par Jean.Ap.1:1 En gros:

4. Nous aurons des tribulations dans le monde. Mais Christ a vaincu pour nous. Jn.16:33
5. Il viendra nous chercher au milieu de la grande tribulation. Ap.7:14
6. Par la foi, Il nous a fait asseoir auprès de lui dans les lieux célestes. Jn.14:3; Ep.2:6
7. Nous jouirons de la félicité éternelle avec l'agneau. Ap.22:5

Conclusion
Ce que les prévisions météorologiques ne peuvent donner, ce que la science dans tous ses aspects ne peut prévoir, Jésus nous le révèle. Amos. 3:7 Demeurez les privilégiés de la grâce de Dieu jusqu'à son retour.

Questions
1. Comment les prophètes s'adressaient-ils au peuple dans l'Ancien Testament?
   Ils disent: Ainsi parle l'Eternel
2. Où pouvons-nous trouver ce terme dans le Nouveau Testament? Nulle part
3. Comment Dieu parlait-il dans l'Ancien Testament?
   Par la loi, par les miracles, les signes et les prodiges.
4. Quel est le but de Dieu en nous parlant?
   a. Pour nous informer de son plan de salut pour l'humanité.
   b. Pour nous autoriser à le servir.
   c. Pour nous avertir de son jugement.
5. Comment évaluer l'œuvre du Saint Esprit
   a. La terre sera remplie de la connaissance de l'Eternel.
   b. Jésus met son Esprit en nous
   c. Il nous conduit dans toute la vérité.

Leçon 9
Un système de contrôle exceptionnel

Textes pour la préparation: Ps.119:105; Mt.6:13; Mc.16:18; Lu.21:12-15; Jn.1:4; 6:48-58; 15:1-5; Ep.6:11; Col.3:1-3
Versets à lire en classe: Jn.6:48-58
Verset de mémoire: Celui qui mange ma chair et qui boit mon sang demeure en moi, et je demeure en lui. **Jn.6:56**
Méthodes: discours, comparaisons, questions
But: Montrer comment le chrétien vit dans les secrets de Dieu.

Introduction
Il est curieux de noter que notre relation avec Christ obéit à un principe d'interpénétration où tout notre système est possédé et contrôlé par lui. Ainsi la vie en Christ peut se résumer en deux modes:

I. **Premier mode: Vous demeurez en Christ**
   1. Votre vie est cachée en lui. On ne peut vous voir. On ne voit que Christ. Col.3:3
   2. Le volant de votre vie est entre ses mains. C'est lui qui décide de la direction, du parcours et de la destination de votre vie. Jn.15:5
   Il est responsable des obstacles, des incidents de parcours.
   3. C'est à lui de répondre pour tout ce que vous ignorez.
   4. Vous participez au sort de Christ et de son Evangile et le résultat c'est que vous portez beaucoup de fruit. Jn.15:5

5. Vous bénéficiez de sa hauteur, de son autorité et de son expertise pour tous les cas qui vous dépassent. Il parlera par vous, prévoira votre défense surtout si vous êtes à court de moyens disponibles. Lu.21:14-15

II. Deuxième mode: Christ demeure en vous.

1. Il est au centre de contrôle pour éclairer votre conscience. Le vrai chrétien sait bien quand il fait mal pour le corriger parce qu'il a en lui la lumière du Saint-Esprit. Jn.1:4
2. Il est la nourriture du chrétien qui va dans tout son système. Comme toute nourriture, la parole en vous est transformée en substance pour vous permettre de mieux voir, de mieux entendre, de mieux comprendre. Ps.119:105
3. Elle vous donne la force pour marcher avec Dieu et résister dans les mauvais jours. Ep.6:11
4. Si Satan frappe à la porte de votre cœur, c'est à Christ qu'il appartient de lui répondre pour vous délivrer du malin. Mt.6:13
5. Si on vous donne un poison, c'est Christ qui va l'absorber. Mc.16:18
6. Votre vie sans lui n'est pas une vie. C'est plutôt une gabegie. Si vous devez mourir, c'est encore avec Christ en vous. Jn.6:54
Quiconque dit-il, vit et croit en moi ne mourra jamais. Jn.11:26

Conclusion

Si vous demeurez en moi et que mes paroles demeurent en vous, demandez ce que vous voudrez et cela vous sera accordé. Qu'est-ce qui vous empêche de faire cette négociation avec Christ?

Questions

1. Quel est le principe qui gouverne la vie du chrétien?
   Il demeure en Christ et Christ demeure en lui.
2. Comment fonctionne le chrétien en Christ?
   a. Sa vie demeure cachée en Christ.
   b. On ne peut le voir. On doit voir Christ.
   c. C'est Christ qui décide pour lui.
   d. Christ fait pour lui ce qu'il ne peut pas faire pour lui-même.
   e. Bénéficiant de la hauteur, de l'autorité, et de l'expertise de Christ, le chrétien obtient ce qu'il était incapable d'atteindre.
3. Comment fonctionne Christ dans le chrétien?
   a. Il demeure au centre de sa vie.
   b. Christ est sa nourriture pour agir dans tout son système.
   c. Si Satan frappe à la porte de son cœur, Christ est déjà là pour lui répondre.
   d. Si on lui donne un poison, c'est à Christ de le digérer
   e. Il vit avec Christ pour mourir avec lui.
4. Quelle est la simple condition pour le chrétien de tout recevoir de lui?
   Il doit demeurer dans la Parole de Dieu.
5. Quelle différence faites-vous entre demeurer dans l'Eglise et demeurer en Christ?
   a. «Demeurer dans l'Eglise» exprime notre régularité aux services.
   b. «Demeurer en Christ» exprime notre fidélité à sa parole jour et nuit.

Leçon 10
Une autorité exceptionnelle

Textes pour la préparation: 1S.2:8; Ps.1:2; Mt.17:18; 26:72; Jn.14:3; Ac.4:9-20; 6:10; 7:51-53; 8:20; Ro.13:13-14; Ga.2:11-12; 6:1; Ep.1:21; 2:5-7; Col.1:1; 2Ti.1:7; Hé.2:3; 12:4; Ap.3:5

Versets à lire en classe: Ep.2:1-8

Verset de mémoire: Il nous a ressuscité ensemble, et nous a fait asseoir ensemble dans les lieux célestes, en Jésus-Christ. **Ep.2:6**

Méthodes: discours, comparaisons, questions

But: Montrer la position d'autorité que Dieu nous réserve en Jésus-Christ.

Introduction

Christ nous a tirés du fumier pour nous faire asseoir à ses côtés. Quel privilège! Il est proclamé Fils de Dieu avec puissance Roi des rois, Seigneur des seigneurs et nous partagerons sa gloire? Quel honneur! Voyons les avantages de cette position. 1S.2:8; Jn.14:3 ; Ro.1:4

I. Dieu ne nous donne pas un esprit de timidité. 2Ti.1:7
   1. **Devant certaines attitudes.**
      a. Le chrétien spirituel dit la vérité avec tact et douceur, mais avec conviction. Ga. 6:1
         Pierre était lâche et renia son maître. Après avoir reçu le souffle de l'Esprit, il ne recula devant aucune persécution. Mt.26:72; Ac.4:19-20
      b. Paul ne ménageait pas Pierre qui mangeait avec les païens, des gens qui sacrifiaient aux idoles avant de manger.Ga.2:11-12

2. **Devant les démons.**
   Christ ne *congédia* pas les démons, il les *chassait* avec l'autorité de l'Esprit. Mt.17:18
3. **Devant les foules**
   Etienne leur parlait avec hardiesse. Ac.6:10; 7:51-53
   Pierre n'hésita pas une seconde à réduire au silence Simon le magicien. En effet, celui-ci lui offrait de l'argent pour acheter le pouvoir du Saint Esprit comme si ce pouvoir était en vente. Ac.8:20

II. **Implication de cette autorité**
   En tant que fils de Dieu restaurés dans nos droits,
   1. Nous devons réagir devant tout ce qui déplait à «Notre Père qui est aux cieux.» Hé.12:4
      Nous devons assumer notre responsabilité d'héritier privilégié. Nous ne pouvons plaisanter avec notre héritage. Ep.1:1-12; Hé.2:3
   2. Nous devons montrer une attitude austère devant le monde pour préserver la robe blanche de sainteté dont Dieu va nous revêtir. Ap.3:5
   3. Nous devons refuser les biens du monde pour nous attacher aux choses d'en-haut où Christ est assis à la droite du Père. Col.3:1
   4. Nous devons méditer la Parole de Dieu jour et nuit. Ps.1:2
   5. Nous devons maintenir le prestige et la dignité qui accompagnent notre position en Christ. Rappelons-nous chaque jour que Dieu a mis notre Seigneur au-dessus de toute domination, de toute autorité et qu'il nous réserve une place comme épouse à ses côtés. Jn.14:3; Ep.2:5-7

Conclusion
Marchons honnêtement comme en plein jour, loin des orgies et de l'ivrognerie, de la luxure et de la débauche, des querelles et des jalousies; **mais habillons nous de la tête au pied avec le Seigneur Jésus-Christ**, et n'ayons pas soin de la chair pour en satisfaire les convoitises. Ro.13: 13-14

Questions
1. Quelle doit être l'attitude du chrétien devant la vérité?
   Il doit la proclamer et la défendre sans faiblesse.
2. Comment redresser une erreur publique?
   On doit la redresser publiquement quand la réputation de Christ est exposée.
3. Donnez-en deux exemples:
   a. Pierre résista à Simon le magicien qui croyait obtenir le don du Saint Esprit à prix d'argent.
   b. Paul résista à Pierre en face parce qu'il mangeait avec les moqueurs.
4. Pourquoi Etienne parlait-il avec hardiesse?
   Parce qu'il défendit la vérité.
5. Y a-t-il une différence entre la hardiesse et l'arrogance dans la prédication? Laquelle
   Oui. La hardiesse est le zèle, la chaleur dans la prédication.
   L'arrogance est le comportement de brute dans la prédication.
6. Quelle est notre position en Christ?
   A sa droite dans les lieux célestes.
7. Quels sont les privilèges que nous aurons à partager avec lui? Son autorité, sa puissance, sa gloire.

Leçon 11
Les Rameaux et les pleurs

Textes pour la préparation: Mt.23:37-39; Lu.18:36-42; 23:34; Mt.27:21-22; Jn.1:11; 3:2; 6:15; 10:16; Ac.1:6; 2Co.4:4; Jud.14
Versets à lire en classe: Mt. 23:37-39
Verset de mémoire: J'ai encore d'autres brebis qui ne sont pas de cette bergerie; celles-là il faut que je les amène; elles entendront ma voix, et il y aura un seul troupeau, un seul berger. **Jn.10: 16**
Méthodes: Discours, comparaisons, questions
But: Présenter l'état d'âme de Jésus au moment où on le loue.

Introduction
Aucun leader conscient de sa mission ne peut se limiter à la gloire provisoire de la foule. On n'a pas besoin d'aller loin pour vérifier cette déclaration. Hier elle criait: **vive**, aujourd'hui, **à bas**. A quoi pensait Jésus devant leurs acclamations?

I. **Il pensait aux brebis sans berger.**
 1. **Aux gens abandonnés à eux-mêmes**.
 Les programmes de gouvernement ne pouvaient envisager que leur besoin temporel: le manger, le logement, la santé physique, l'éducation et la communication, mais l'âme reste vide.
 2. **Aux religieux sans Dieu.**
 Les sacrificateurs, les pharisiens sont de faux bergers. Ils n'ont aucune solution pour le péché, parce que Dieu n'est pas avec eux. Jn.3:2

3. **Les juifs ainsi que les païens**
   Ils périssent faute de berger pour les conduire. Jésus vient sauver les juifs qu'il appelle «des brebis perdues de la maison d'Israël». Mt.10:6
   Il vient sauver les païens qu'il appelle: «des autres brebis qui ne sont pas de ce pâturage». «Il faut dit-il, qu'il les ramène». Jn.10:16; Ac.6:7

II. Il pensait aussi à cette foule ignorante
Définition de la foule
1. Elle décourage Bartimée. Une minute après, c'est une multitude de personnes qui se réunit ou se déplace sans ordre, sans discipline, sans coordination. Elle ne sait ni apprécier, ni regretter.
2. Elle ne réfléchit pas sur les conséquences de ses actes. Elle obéit à ses émotions et non à la raison.
   a. Elle le supporte. Lève-toi, prend courage, Jésus t'appelle». Elle oubliera de faire des excuses à Bartimée». Mc.10:49
   b. Hier, elle voulut élire Jésus roi pour s'assurer d'avoir plus de pains et de poissons à manger. Jn.6:15
   c. Aujourd'hui, il vote pour Barrabas, un voleur, un assassin. Mt.27:21-22
   d. A bas Jésus, le chemin, la vérité et la vie. A bas le Bon Berger qui donne sa vie pour ses brebis. «Crucifie-le au contraire.»
   Jésus pardonne à cette foule avant de mourir.

III. Il pensait enfin aux faibles apôtres devant l'étendue de leur mission. Faibles pourquoi?

1. Les disciples pensaient à un royaume terrestre. Ac.1:6
2. Ainsi ils n'étaient pas prêts à aller par tout le monde. Remarquez-le: Jésus était obligé de faire venir des âmes par tout le monde, à la fête de Pentecôte, à Jérusalem, pour leur faciliter la tâche. D'un seul coup de filet, Pierre en a pris 3000. Plus tard, le nombre a augmenté jusqu'à 5000. Ac.2:41; 4:4
3. Jésus devait envoyer des persécutions aux apôtres avant qu'ils se décident à aller en mission. Ac.5:15-21, 41

   Vous comprenez les soucis du Seigneur, je veux dire, sa passion au jour des Rameaux, quand il recevait des gloires furtives et passagères. Lu.19: 36-39

IV. Pleurs sur le monde actuel

1. Un terrain piégé où les faux dieux prévalent. (Les idoles du sport, de la musique, de la politique, de la science…)
2. Entre temps, des chrétiens ont peur de s'aventurer sur les champs missionnaires pensant trop à ce qu'il faut quitter pour suivre Jésus.
3. D'autres sont satisfaits de leur Eglise, de leur programme et de leur agenda. Ph.3:19
4. D'autres dorment tandis que Satan interdit la prière dans les écoles. Les fausses doctrines franchissent les antennes de radio, les gens drogués tuent en pleine rue, dans les écoles tandis que la prostitution bat son plein: L'Eglise n'en est pas inquiétée.

Nous sommes à nous poser cette question: Si Jésus ne déclenche pas une vanne de persécutions systématiques, les chrétiens comprendront–ils l'urgence de son message? On se contentera de sa petite vie et l'on n'entend pas Jésus qui dit: «Celui qui voudra sauver sa vie la perdra» Mc.8:35

Conclusion
Ecoutez: Le Seigneur va venir, non pas pour monter à Golgotha, pour être humilié et crucifié mais pour venir chercher ses saints myriades depuis Abel jusqu'à nous. Il viendra avec sa récompense pour les lutteurs et les vainqueurs. Jude.1 :14 En serez-vous?

Questions
1. A quoi Jésus pensait-il au dimanche des Rameaux?
   a. Aux brebis qui n'ont pas de bergers.
   b. A la foule ignorante sans direction
   c. Aux apôtres peureux
   d. Au monde actuel sans Dieu
2. Quelle était sa dernière prière sur la croix? Père, pardonne-leur, car ils ne savent pas ce qu'ils font.
3. Quel Messie les disciples attendaient-ils?
   Un messie national
4. Que doit-il déplorer dans le monde actuel?
   a. L'abondance d'idoles
   b. L'indifférence de l'Eglise devant l'évangélisation
5. Choisissez la bonne réponse :
   Les apôtres étaient motivés pour la Grande Commission:
   a. Grace aux miracles au nom de Jésus
   b. Grace à la conversion de 3000 âmes
   c. Grace aux persécutions.

Leçon 12
Une victoire exceptionnelle

Textes pour la préparation: Ps.91:7; Mt.26:55-67; 28:19-20; Mc.15:15; 16:18; Lu.22:53; Jn.3:35; 11:47, 48-53; 14:13-14; 18:3; 19:16-20; 20:19; 1Co.15:54-58; 2Co.5:2; Ph.4:6
Versets à lire en classe: 1Co.15:54-58
Verset de mémoire: O mort, où est ta victoire? O sépulcre où est ton aiguillon? Grâces soient rendues à Dieu qui nous donne la victoire par notre Seigneur Jésus-Christ. **1Co.15:55, 57**
Méthodes: Discours, comparaisons, questions
But: Déclarer ouvertement notre victoire en Jésus

Introduction
Il n'y a pas dans le monde un évènement plus troublant que celui de la résurrection de Jésus-Christ. Si les évangiles synoptiques, dans leur modestie littéraire ne l'ont pas élaborée, c'est que Dieu nous donne plus de temps pour faire nos commentaires.
Ce que la résurrection de Christ implique:

I. La victoire sur la mort.
Jésus a garanti notre salut en payant la dette de nos péchés.
Le dommage causé par nos péchés qu'il nous fallait payer, **Jésus l'a soldé par un seul chèque**: Sa mort sur la croix et sa résurrection comme signature que tout a été payé. Et tout cela parce que le Diable, le patron de la mort est vaincu.

II. **Notre victoire sur les éléments naturels.**
Sa victoire sur Satan le diable entraine aussi notre victoire
1. Sur les maladies incurables. Lu.17:12
2. Sur la peur, l'inquiétude, les stress. Mt. 6:25
   a. Les portes fermées doivent être ouvertes pour vous. Vous ne pouvez me dire NON quand Jésus a dit OUI. Vous pouvez me renvoyer, Jésus va vous passer des ordres pour me rappeler. Lu.18: 5
   b. Les prisons verrouillées doivent être ouvertes pour vous. Ac.5:18-19
   c. Les maladies surnaturelles doivent être vaincues par vous. Mc.16: 17
   d. Les poisons lents ou violents sont neutralisés dans leurs effets. Mc.16:17
   e. Vous devenez invulnérables. Que mille tombent à ton coté et dix mille à ta droite tu ne seras pas atteint. Ps.91:7

III. **Victoire sur les puissances de l'enfer.**
Remarquez: Le jugement de Christ jusqu'à la délibération avait eu lieu pendant toute une nuit, c'est-à-dire à l'heure favorable à Satan le diable qui doit opérer dans les ténèbres. Mais quand il fallait avilir le Seigneur, c'était en plein jour pour que Satan se réjouisse de sa victoire.
«J'étais tous les jours avec vous dans le temple, et vous n'avez pas mis la main sur moi. **Mais c'est ici votre heure, et la puissance des ténèbres**» dit Jésus. Lu.22:53

Et quelles étaient les armes employées par Satan?
a. La haine et la jalousie des sacrificateurs. Jn.11:47-48, 53
b. La lâcheté de Pilate. Jn.19:15-16
c. Les humiliations en public: Ils l'ont mis à nu. Jn.19:23-24
d. Le cynisme et la cruauté d'Hérode. Lu.23:10-11
e. La moquerie exprimée par la couronne d'épines sur sa tête et la plaque sur la croix portant l'inscription: «Roi des Juifs». Jn.19:19-20
f. Le bulletin de vote du peuple en faveur d'un criminel et la condamnation de l'innocent. Jn.19:15-16
g. Les soufflets, les crachats, les coups de bâtons. Mt.26:67; Mc.15:15
h. L'abandon de ses plus chers amis. Mt.26:55-56

Auriez-vous supporté tout cela sans faiblir? Si vous avez la moitié de ces souffrances, vous avez déjà trop pour mourir d'un trauma, d'arrêt de cœur ou d'ulcère d'estomac.

IV. Victoire sur l'impossible

Jésus nous donne le pouvoir sur tout ce qui est visible.
1. Sur le marché d'évangélisation, il enverra les disciples à la conquête de la planète sans armes, sans argent, sans référence, sans moyen de locomotion. Mais grâce au pouvoir qu'il a

sur les éléments naturels, il dira aux disciples d'aller. Le reste est entre ses mains.
Mt.28:18-20
L'avion, le bateau, les fonds, les références, les frais tout est entre ses mains. Jn.3:35
2. Rappelez-vous que Jésus a gagné pour vous. Il met son pouvoir exceptionnel à votre disposition. GRACE SOIT RENDUE A DIEU QUI NOUS DONNE LA VICTOIRE PAR NOTRE SEIGNEUR JESUS-CHRIST, PARCE QUE NOUS SOMMES DEVENUS UNE SEULE PLANTE AVEC LUI DANS SA MORT ET DANS SA RESURRECTION. Il met le ciel est à notre portée. Jn.14: 13-14
3. Si c'est dans cette vie seulement que nous espérons en Christ, nous sommes donc les plus malheureux de tous les hommes.1Co.15:19
4. Après avoir souffert des privations, de la moquerie des hommes, des soufflets à cause du nom de Jésus-Christ, il y aura un temps où nous laisserons cette tente pour revêtir notre domicile céleste et être pour toujours avec Christ. 2Co.5:2

Conclusion

Dès aujourd'hui marchez dans cette victoire. Allez dire aux Nicodème, aux Zachée que Christ est mort pour leur péché, que le salut est gratuit, que «la vie et le pardon descendent du calvaire: Un seul regard et sois sauvé».

Questions
1. Qu'implique la résurrection de Jésus-Christ?
   a. Le paradis perdu en Adam retrouvé en Jésus le second Adam.
   b. Satan est vaincu.
   c. Il n'y a maintenant aucune condamnation pour ceux qui sont en Jésus-Christ.
2. Comment établir notre victoire sur les éléments naturels et surnaturels?
   a. La guérison des maladies incurables
   b. Le pouvoir sur le monde visible et invisible
   c. Le pouvoir de chasser les démons
3. Quelle heure Satan a-t-il choisie pour opérer? Expliquez
   a. Judas fit arrêter Jésus en pleine nuit.
   b. Le jugement du Seigneur a eu lieu en pleine nuit.
   c. Satan avilit Jésus en plein jour.
4. Donnez une déclaration de Jésus à l'appui.
   C'est ici votre heure et la puissance des ténèbres.
5. Citez cinq armes employées par Satan pour vaincre le Seigneur
   a. La jalousie et la haine
   b. L'hypocrisie et la ruse
   c. La cruauté et la violence
   d. Le choix d'un criminel au mépris du Dieu de justice et d'amour
   e. L'abandon des amis
6. Que pouvons-nous espérer de lui?
   Si nous souffrons avec lui sur la terre, nous règnerons avec lui dans les cieux.

Récapitulation des versets pour le trimestre

Leçon 1
Si quelqu'un est en Christ, il est une nouvelle créature; les choses anciennes sont passées et voici toutes choses sont devenues nouvelles. **2Co.5:17**

Leçon 2
J'ai recueilli tes paroles et je les ai dévorées; tes paroles ont fait la joie et l'allégresse de mon cœur. **Jé.15:16**

Leçon 3
Ne crains rien, car je suis avec toi. Ne promène pas des regards inquiets, car je suis ton Dieu. Je te fortifie, je viens à ton secours. Je te soutiens de ma droite triomphante. **Es.41:10**

Leçon 4
Car auprès de toi est la source de la vie; par ta lumière, nous voyons la lumière. **Ps.36:10**

Leçon 5
Si donc vous êtes ressuscités avec Christ, cherchez les choses d'en haut où Christ est assis à la droite du Père. **Col.3:1**

Leçon 6
En ce temps-là, Jésus prit la parole et dit: Je te loue, Père, Seigneur du ciel et de la terre, de ce que tu as caché ces choses aux sages et aux intelligents, et de ce que tu les as révélées aux enfants. **Mt.11:25**

Leçon 7
Dieu a voulu leur faire connaitre la glorieuse richesse de ce mystère parmi les païens, savoir: Christ en vous, l'espérance de la gloire. **Co.1 :27**

Leçon 8
Quand le consolateur sera venu, l'Esprit de vérité, il vous conduira dans toute la vérité. **Jn.16:13**

Leçon 9
Celui qui mange ma chair et qui boit mon sang demeure en moi, et je demeure en lui. **Jn.6:56**

Leçon 10
Il nous a ressuscité ensemble, et nous a fait asseoir ensemble dans les lieux célestes, en Jésus-Christ. **Ep.2 6**

Leçon 11
J'ai encore d'autres brebis qui ne sont pas de cette bergerie; celles-là il faut que je les amène; elles entendront ma voix, et il y aura un seul troupeau, un seul berger. **Jn.10:16**

Leçon 12
O mort, où est ta victoire? O sépulcre où est ton aiguillon? Grâces soient rendues à Dieu qui nous donne la victoire par notre Seigneur Jésus-Christ. **1Co.15:55, 57**

Série 2

L'Onction

Avant-propos
A vouloir parler d'onction, certains pourraient croire qu'il s'agit d'un sacrement de baptême ou de mariage. Point du tout. C'est plutôt un pouvoir, un mandat divin accordé à quelqu'un en un temps donné pour un but déterminé. Ce pouvoir obéit à certains principes que nul ne peut changer sauf Dieu, son auteur. Je vous invite à tourner les pages du Livre Saint avec moi pour savoir comment définir l'onction en vue de notre édification.

Pasteur Renaut Pierre-Louis

Leçon 1
L'onction un privilège

Textes pour la préparation: Ex.29:7; 30:22-38; Lé.8:10-12; 33-36;10: 1-9, 14:14-17; Lu.9:59-62
Versets à lire en classe: Lu.9:59-62
Verset de mémoire: Quiconque met la main à la charrue et regarde en arrière, n'est pas propre au royaume de Dieu. **Lu.9:62**
Méthodes: discours, comparaisons, questions
But: présenter l'onction comme un privilège exceptionnel.

Introduction
Le terme **Onction** commence à devenir très familier dans le vocabulaire du monde protestant. Il était très populaire parmi les païens du temps de Moise. Sachant qu'Israël est très perméable aux imitations, Dieu était obligé de bien le définir pour lui.

I. Définition de l'onction dans l'Ancien Testament
C'est l'art d'oindre
1. des choses consacrées à l'Eternel. Ex.30:26-29
2. des personnes à l'Eternel. Lé.8:10-12

L'huile d'onction était composée à partir des meilleurs aromates.

II. Applications de l'Onction
1. Elle était en usage parmi les païens que Dieu leur défend d'imiter. Aussi ne pouvaient-ils appliquer **l'huile d'onction sainte** sur le corps d'un homme. Dieu seul peut ordonner cette prescription.

Ex.30:32-33
2. Il l'avait recommandée aux lépreux pour les purifier de leur lèpre. L'application se fera à l'oreille droite, au gros pouce de la main droite, et au gros orteil droit. Lé.14:14-17
   a. L'oreille droite symbolise notre manière d'écouter.
   b. Le pouce droit symbolise notre manière d'agir.
   c. Le gros orteil droit, notre manière de décider. Si ces parties du corps sont des instruments au service du péché, nous sommes alors devenus des lépreux au point de vue spirituel. L'onction d'huile ici représente l'action du Saint Esprit pour nous purifier de la lèpre du péché.
3. Elle était enfin appliquée au Souverain sacrificateur dans la cérémonie de consécration. Ex.29:7

III. **Discipline de l'onction**
1. On ne peut servir Dieu à sa façon mais d'après ses principes.
2. Après avoir reçu cette onction, le sacrificateur doit passer sept jours consécutifs à l'entrée de la tente d'assignation. Lé.8:33
3. Il ne peut réformer ce principe même pour un parent.
   Remarquez qu'Aaron ne pouvait laisser la tente d'assignation pour assister aux funérailles de ses fils Nadab et Abihu, parce que les sept jours de consécration à l'Eternel n'étaient pas à leur terme. Lé.10:1-2, 4, 7. Au fait, Dieu les tua pour avoir violé

impudemment le principe de l'onction. Lev.10 : 1-2
4. Jésus nous demande de renoncer à nous-mêmes, à nos préférences, à nos sentiments personnels pour le suivre.
   a. Il dira au jeune homme: laissez les morts ensevelir leurs morts. Vous qui êtes vivant, c'est-à-dire «vous qui avez reçu l'onction, suivez-moi». Lu.9:59-60
   b. Il dira à un autre qui veut consulter ses parents avant de se décider:
   Quiconque met la main à la charrue et qui regarde en arrière n'est pas digne de moi. Lu.9:62

Conclusion
Cette onction est un privilège. Rendez gloire à Dieu qui vous a choisis.

Questions

1. Qu'est-ce que l'onction?
   L'aspersion d'huile sur le corps ou sur les choses.
2. Qui savait la pratiquer à part les Israélites?
   Les païens
3. Comment était 'elle composée?
   Avec les meilleurs aromates
4. Sur qui et sur quoi était-elle appliquée?
   Sur des objets et sur des personnes
5. Quelle était la restriction faite à l'oint?
   Il doit rester sept jours consécutifs à l'entrée de la Tente d'assignation.
6. Qui était victime pour avoir violé ce principe?
   Nadab et Abihu
7. Comment Jésus voit-il l'onction?
   Comme une consécration à son service

Leçon 2
Le sort des choses consacrées l'Eternel

Textes pour la préparation: Ex.30:29, 38; 2S.6:6-7; Esd.1:1, 7-11; Es.45:3, 13; Je.27:22; Da.5:1-23; 6:28-30; Jn.2:13-16; 1Co.1:11; 6:19-20;16: 29; 2Co.11:28; Ep.5:24; 2Th.2:4; Ap.2:1
Versets à lire en classe: Es.45: 1-4, 13; Esd.1:7-11
Verset de mémoire: Dieu est terrible dans la grande assemblée des saints. Il est redoutable pour tous ceux qui l'entourent. **Ps.**89:8
Méthodes: discours, comparaisons, questions
But: Rappeler à tous que les choses consacrées à l'Eternel doivent être respectées.

Introduction
Dieu est jaloux. Il entend être servi comme souverain. Il ne partage ni sa gloire ni ses biens avec personne. Quels sont ses ordres sur les choses consacrées?

I. Affectation
1. Elles doivent être sanctifiées, c'est-à-dire «mis à part». Ex.30:29
2. On ne peut les toucher si on n'est pas consacré. Ex.30:29
3. Nul n'a le droit d'en faire un usage personnel sous peine de sanction grave.
   Demandez au roi Betschatsar ce qu'il lui en coutait quand il osait s'en servir pour plaire à ses concubines. Même après 50 ans que ces ustensiles étaient classés dans le buffet du roi Nebucadnetsar, (605-656 av. J.C) nul n'avait le droit d'y toucher s'il n'était pas oint. Da.5:1-6

a. Belschatsar n'était pas consacré pour les toucher.
b. Il les avait profanés en changeant leur affectation. Da.5:23
c. Dieu vient le lui reprocher en face en lui montrant seulement les doigts d'une main. Da.5:5 Il lui blâma sa légèreté et le détrôna. Da.5:26
d. Le même jour il perd sa couronne et sa vie. Da.5:30
La même chose arriva à Uzza qui n'était pas oint pour toucher à l'arche de l'Eternel. Il mourut sur l'heure. Ex.30:26; 2S. 6:6-7

II. Dieu a l'œil sur les choses consacrées.

Les philistins avaient vaincu Israël mais jamais l'arche de l'Eternel qu'ils avaient saisie. Ils furent obligés de la retourner avec honneur et respect à Samuel, prophète et sacrificateur de l'Eternel. 1S. 5: 11-12

III. Les Eglises d'aujourd'hui et les choses consacrées.

La notion du temple a évoluée dans l'esprit des chrétiens du monde moderne. On dit indifféremment temple ou Eglise pour désigner un lieu d'adoration ou une congrégation. Parfois l'Eglise est logée dans un plazza et l'affectation du lieu peut changer dans la suite.
1. Le chrétien est le **temple** de Dieu. Il fait partie de **l'Eglise** universelle, c'est-à-dire l'ensemble des croyants. C'est cette Eglise qui est soumise à Christ. 1Co.6:19-20; Ep.5:24

2. Le temple de Dieu peut être un lieu physique d'adoration. 2Th.2:4
Paul parle des soucis que lui donnent les Eglises. Il fait référence aux congrégations. 2Co.11:28
   a. Ainsi il dira: l'Eglise de Dieu qui est à Corinthe, l'Eglise d'Ephèse, les Eglises d'Asie. 1Co.1:1; 16:19; Ap.2:1
   b. Néanmoins, certaines choses sont consacrées spécifiquement telles que: les services pour la Sainte table, la chaire, les instruments de musique. C'est pourquoi Jésus blâme tout abus dans l'usage du temple et de son contenu. Jn.2:13-16

Conclusion
Le respect du temple est une indication du respect pour le Dieu du temple. Dites-moi ce que vous faites de votre cellular phone, de vos amis, de vos livres ou de vos jouets quand vous entrez dans le lieu consacré à Dieu et je vous dirai qui vous êtes.

Questions

1. Pourquoi doit-on respecter les choses consacrées à l'Eternel?
   Parce que Dieu est souverain et il est jaloux.

2. Que veut dire «sanctifié»? Mis à part

3. Que fit le roi Belschatsar avec les ustensiles de l'Eternel?
   Il s'en servait pour offrir des boissons à ses concubines.
4. Qui était venu le lui reprocher? L'Eternel lui-même

5. Comment?
   Il lui montra les doigts de sa main en signe de désapprobation.

6. Pourquoi?
   Il n'était pas qualifié pour y toucher.

7. Comment comprendre les notions de temple et d'Eglise dans le Nouveau Testament?
   Ils peuvent signifier un temple ou une église visible ou invisible. Cela dépend de l'emploi qu'on en fait.

8. Pouvez-vous donner un indice de la consécration de quelqu'un?
   Par son respect pour le temple de Dieu.

Leçon 3
Buts de l'onction

Textes pour la préparation: Ex.3:10; 4:1, 10, 13; 5; 6:12; 24:16-18; 34:28; Lé.16:2; No.12:6; 20:6; 27:22-23; Ac.7:23; 30; 36
Versets à lire en classe: Ex.3:1-10
Verset de mémoire: Maintenant, vas, je t'enverrai auprès de Pharaon, et tu feras sortir d'Egypte mon peuple, les enfants d'Israël. **Ex.3:10**
Méthodes: discours, comparaisons, questions
But: Qu'on soit mis à part pour un service spécial.

Introduction
Quand Dieu oint un serviteur, il lui donne les moyens appropriés pour remplir une mission. Celui-là doit seulement se rappeler qu'il doit agir dans les limites de l'onction et qu'il n'a aucune gloire personnelle à en tirer. En guise d'exemple, prenons:

I. Moise. Son œuvre messianique pour le salut d'Israël. Ex.3:10
1. Dieu l'a oint pour libérer Israël de l'esclavage en Egypte. Ex.3:10
   a. Dieu et Moise avaient la même vision, mais avec des perspectives différentes:
   Moise avait voulu libérer Israël avec la force mystique.
   Quand le diacre Etienne nous révèle qu'il fut élevé dans toute la sagesse des égyptiens, il veut établir sa connaissance approfondie dans les mathématiques, la magie, l'astrologie et le mysticisme. Ac.7:22

b. Il était oint par le Diable. Arrivé au Mont Horeb, il croyait que le feu inextinguible du buisson était ce qu'il lui fallait pour l'emporter sur Pharaon. Il voulut prendre ce feu, mais ce feu voulait le prendre aussi. Dans son effort pour l'approcher, voilà que c'est ce feu qui lui passe des ordres. Ex.3:5

c. Dieu a voulu libérer Israël par la puissance de son nom YAHVE. Ex.6:1-3

2. **Dieu n'a que faire des 7 excuses de Moise.**
   a. Qui suis-je pour aller vers Pharaon et libérer Israël? Ex.3:11
   b. Voici, ils ne me croiront pas et ils n'écouteront point ma voix. Ils diront: l'Eternel ne t'est point apparu. Ex.4:1
   c. Ah! Seigneur, je ne suis pas un homme qui ait la parole facile. Ex.4:10
   d. Ah! Seigneur, choisissez un autre homme, pas moi. Ex.4:13
   e. Depuis que je suis allé vers Pharaon pour parler en ton nom, il fait du mal à ce peuple, et tu n'as point délivré ton peuple. Ex.5:23
   f. Voici, les enfants d'Israël ne m'ont point écouté, comment Pharaon m'écouterait-il? Ex.6:12
   g. Voici, je n'ai pas la parole facile; comment Pharaon m'écouterait-il? Ex.6:30

II. Le processus de sa consécration.
1. Moise entra dans le séminaire de Dieu à l'âge de 40 ans. Ex.7: 7
2. Dieu l'a préparé dans le Désert pendant 40 ans. Ac.7:30

3. Il a servi Dieu pendant 40 ans avant d'oindre Josué son successeur. No.27:22-23; Ac.7:36
4. Dieu était son doyen à qui il parlait bouche à bouche. No.12:8
5. Il pouvait passer 40 jours et 40 nuits à ses pieds sans boire ni manger et retourner à son travail avec assez de force pour porter deux tables de pierre très pesantes. Ex.24:16-18; 34:28

IV. L'approvisionnement de l'onction

1. Moise devait rester près de la tente d'assignation. C'était son port d'attache. Ex.33:7-11 Il pouvait même y entrer à n'importe quelle heure contrairement à Aaron son frère ainé et souverain sacrificateur comme lui. Lé.16:2.
2. C'est pourquoi il n'avait pas à craindre les millions d'Israël soulevés contre lui. Nul à part Dieu, ne pouvait le toucher. No.20:6
3. Autant dire qu'il y a des degrés d'onction. Il voit même une représentation de l'Eternel. No.12:6

Conclusion

Nous lisons en postface de sa carrière, qu'il n'a plus paru en Israël de prophète semblable à Moise, que l'Eternel connaissait face à face… De. 34: 10

Partant, ne vous croyez pas incapable d'arriver à ce niveau de relation avec Dieu puisqu'un magicien converti a pu l'atteindre.

Questions

1. Quelle doit être notre attitude en recevant l'onction? L'humilité. On ne doit pas en tirer une gloire personnelle.

2. Qui était Moise avant sa conversion?
   Un magicien

3. Quelle était son expérience au mont Horeb?
   Dieu lui parla du milieu d'un buisson incandescent.

4. Que lui disait 'il?
   Qu'il devait retourner en Egypte et libérer le peuple d'Israël.

5. Comment Moise répondit-il à cette mission?
   Il résista avec sept excuses.

6. Combien de temps passa-t-il à recevoir l'onction?
   Quarante ans

7. Comment a-t-il pu passer 40 jours et 40 nuits sans manger?
   L'onction de Dieu l'a soutenu.

8. Quel était son port d'attache?
   La tente d'assignation

Leçon 4
L'onction de l'Eternel sur un athée

Textes pour la préparation: Esd.1:1-3,7-11; Es.44:28; 45:2-13; Jé.27:22; Jn.17:12; 2Co.5:10; 2Ti.4:14-15; 2Jn.2:3,6
Versets à lire en classe: Es.45:1-4, 11-13
Verset de mémoire: C'est moi qui ai suscité Cyrus dans ma justice, et j'aplanirai toutes ses voies; Il rebâtira ma ville, et libérera mes captifs, sans rançon ni présents, dit l'Eternel des armées. **Es.45:13**
Méthodes : discours, comparaisons, questions
But: Vous rappeler comment Dieu peut mettre à votre disposition même vos ennemis.

Introduction
Il ne faut pas croire que l'onction est un privilège exclusif de l'oint. Dieu peut oindre n'importe qui pour n'importe quoi, à n'importe quel moment et dans n'importe quel lieu. Tout dépend de ce qu'il veut faire au nom de sa souveraineté. Introduisons le roi Cyrus, un athée.

I. Cyrus et son œuvre messianique pour la restauration d'Israël
1. L'Eternel l'appelle «**mon berger**» à qui il passera ses ordres. Es.44: 28
2. Il était lors un roi païen gouvernant la Perse. Esd.1:1
   a. Il parle de l'Eternel comme d'un Dieu local et pour seulement un peuple. Ecoutez-le: Le Dieu d'Israël, le Dieu qui est à Jérusalem. Esd.1:3
   b. Dieu l'appelle son oint. Es.45:1

c. Il lui a donné un empire mondial. Esd.1:2

II. Comment?
1. Il lui a donné le pouvoir de terrasser les nations. Es.45:2
2. Il lui ouvre des portes. Es.45:2
3. Il marche lui-même devant Cyrus. Es.45:3
4. Il l'a enrichi. Es.45:3
   Autant dire que Dieu lui a payé d'avance pour qu'il n'ait pas à regretter de l'avoir obéi. Es.45:3,13

III. Pourquoi?
1. **Pour la restauration d'Israël.** Es.45:3, 13
   Ce peuple vient de passer 70 ans de captivité en Babylone. Dieu veut lui pardonner et le restaurer. L'empire babylonien passait successivement entre les mains des rois Nebucadnetsar (605-562 av. J.C) Belschatsar (556-539 av. J.C) Darius (environ 539 av. JC) et Cyrus (559-530 av. JC). C'est ce dernier qui reçut de Dieu l'ordre de rétablir Israël dans son territoire.
2. **Pour ramener ses ustensiles à Jérusalem.** Je.27 :22
   a. Ces ustensiles étaient classés dans les buffets des rois de Babylone pendant les soixante-dix ans de captivité.
   b. Cyrus doit les retourner à leurs lieux d'origine parce qu'ils sont oints pour servir l'Eternel. Et aucun d'eux n'est manqué car tous portent l'empreinte digitale de l'Eternel. Esd.1:7-11

Ne soyez pas étonnés si des incroyants, riches aujourd'hui, travaillent pour vous sans le savoir. Il en est de même pour l'Eglise. Les faux-frères ont leur rôle dans l'Eglise. Ils sont comme des balais pour éliminer tous les éléments indésirables qui ne vont pas hériter du salut. C'est une méthode du Seigneur pour nettoyer son Eglise et la conserver dans la sainteté.
Cependant, après avoir utilisé ces balais, il les mettra hors de sa maison avec leur saleté. Ap.22:15

   a. Judas a joué son rôle de balai comme étant le fils de la perdition. Il était l'instrument pour amener Jésus à la crucifixion. Il est mort avant Jésus. Mt.27:5; Jn.17:12

   b. Diotrèphe a joué son rôle de balai dans une congrégation à l'hospitalité de laquelle Jean a rendu témoignage. Plus ce frère créait des problèmes à l'Eglise, plus les frères manifestent de l'amour. 2Jn.1 :2, 3, 6

   c. Alexandre le forgeron a aussi joué ce même rôle. 2Ti.4:14-15

   d. Cyrus avait hérité de Dieu tous les royaumes de la terre **mais pas du ciel** pour le service qu'il lui avait rendu. Esd.1:2. Tous attendent leur jugement. 2Co.5:10

Conclusion

Si vos affaires matérielles marchent bien, en dépit de votre inconduite, ne croyez pas que c'est une récompense à des vertus que vous n'avez pas. Remerciez Dieu pour sa patience car son jugement est certain pour les pécheurs non repentants.

Questions

1. Qui était Cyrus? roi de Perse, un athée
2. Pourquoi Dieu a-t-il dit de Cyrus qu'il est son berger?
    a. Parce qu'il l'a utilisé pour rebâtir Jérusalem et rapatrier les enfants d'Israël.
    b. Pour ramener ses ustensiles à Jérusalem.
3. Combien de temps a duré sa captivité en Babylone? Soixante-dix ans
4. Donnez la succession des rois et du temps de leur règne.
   Nebucadnetsar 605-562; Belschatsar 556-539; Cyrus et Darius 539-530
5. A qui peut-on comparer le roi Cyrus dans l'Eglise de Christ?
   Aux faux-frères, aux intrigants qui donnent du fil à retordre au pasteur.
6. Citez-en trois? Judas, Diotrèphe, Alexandre le forgeron
7. Quel est leur sort?
   La perdition
8. Quel est le message de Dieu à l'incroyant prospère?
   Il est un Dieu patient. Son jugement attend les impénitents.

Leçon 5
L'onction du Fils de Dieu

Textes pour la préparation: Mt.11:19; 21:31; Mc.1:27; Lu.4:18; 5:20; 17:14-19; 18:43; Jn.3:14; 5:39; 8:11, 29; 12:27; 19:1-3, 16-18, 30; Ph.2:6-8; 2Pi.1:9
Versets à lire en classe: Lu.4:16-21
Verset de mémoire: L'Esprit du Seigneur est sur moi, parce qu'il m'a oint pour annoncer une bonne nouvelle aux pauvres; il m'a envoyé pour guérir ceux qui ont le cœur brisé. **Lu.4:18**
Méthodes: discours, comparaisons, questions
But: Développer devant tous le projet de société de Jésus-Christ, oint par l'Esprit.

Introduction
Certains disciples du Seigneur ignorent encore leurs dons. Suivez-vous Christ ou bien une religion? N'est-il pas vrai que vous êtes sauvé pour servir? Jésus, l'auteur de notre salut nous en donne l'exemple:

I. Jésus et son œuvre messianique
Son projet de société était ainsi conçu:
1. **Annoncer le message de délivrance aux captifs**:
   a. Les pécheurs sont des captifs. Dans sa patience Dieu les met en *liberté provisoire* pour leur donner la chance de se repentir. 2Pi. 3:9
   b. Jésus vient *payer la caution pour leur mise en liberté.* C'est pourquoi, durant son ministère terrestre, il dit au paralytique qu'on lui amène: «Tes péchés te sont pardonnés». Lu.5:20

Et à la femme adultère: «Je ne te condamne pas, vas et ne pèche plus.» Jn.8:11.
   c. A la croix il paie tout le prix pour notre *salut définitif.* Jn.19:30
2. **Ouvrir les yeux des aveugles.**
   Certains sont aveugles parce qu'ils croyaient à la Loi, à la religion ou à leurs efforts personnels pour être sauvés. Jésus vient leur ouvrir les yeux sur la croix du Calvaire, où il sera élevé pour le salut du monde. Jn.3:14
3. **Libérer les opprimés**
   a. Les personnes possédées d'esprit malin. Mc.1:27
   b. Les publicains, **pillards** de la caisse de l'Etat et les gens qui vendent leur chair pour gagner un pain. Mt.11:19
   c. Les samaritains, les lépreux, les esclaves, les gens sans assurance, sans nom, sans société, sans référence, sans pain, sans logis, sans parents. Tous ceux-là sont victimes des abus parce qu'ils n'ont personne pour les défendre. Lu. 17:11-19; 18:43
4. **Publier une année de grâce du Seigneur.** Lu. 4:18
   a. Il vient proclamer une amnistie générale, un pardon sans condition. Lu.4:18
   b. Il nous donne ce que nous ne pouvons payer: la vie éternelle. Jn.5:39-40

II. Son mode de fonctionnement
Il agit en relation avec son Père. Jn.14:10

1. Ce n'était pas avec la force humaine, mais avec l'onction. Il le dit bien:
2. **L'Esprit du Seigneur est sur moi, et il m'a oint pour** ... Lu.4:18
   a. Contrairement à Moise, il n'a jamais fait d'objection à la volonté de Dieu. Celui qui m'a envoyé, dit-il, est avec moi; il ne m'a pas laissé seul, parce que je fais toujours ce qui lui est agréable. Jn.8:29
   b. Ainsi il doit aller jusqu'au bout. Jn.12:27

III. Son accomplissement
1. Il est allé au Calvaire pour subir les tourments et la honte. Jn.19:1-3,30
2. Après toutes les humiliations pour nous, Il est mort en croix. Jn.19:16-18

   L'onction de Dieu n'indique pas qu'on soit à l'aise:
   a. Plus vous êtes près de Dieu, plus vous devez espérer souffrir afin de dépendre de lui et de lui seul. 1Co.12:7
   b. Prenez les injures, les calomnies, la médisance et les insultes comme des **coups de marteau**.
   c. Prenez les épreuves comme **la chaleur. Les coups de marteau et la chaleur** doivent servir à fixer les perles à votre couronne. «Si nous souffrons avec lui sur la terre, nous règnerons avec lui dans les cieux.» Il n'y a pas d'élévation sans abaissement. Ph.2:6-8

Conclusion
Imitons notre Christ, l'oint de Dieu pour accomplir notre mission.

Questions

1. Quel était le projet de société de Jésus-Christ?
    a. Annoncer la bonne nouvelle aux pauvres
    b. Proclamer aux captifs la délivrance
    c. Proclamer aux aveugles le recouvrement de la vue
    d. Renvoyer libres les opprimés
    e. Publier une année de grâce du Seigneur.

2. Par quel pouvoir agissait-il?
   Par l'Esprit du Seigneur qui l'a oint

3. Quelle est d'ordinaire, la condition de l'oint?
   Il doit être prêt à souffrir et prêt à servir.

4. Quelle est la raison de cette souffrance?
   Pour nous obliger à dépendre totalement de Dieu en vue de le servir.

Leçon 6
L'onction du chrétien

Textes pour la préparation: 1S.15:22-23; Jn.15:5; Ac.2:16-18; 38; 13:2; 26:24-30; Ro.1:1; 8:8; 1Co.2:4-11; 4:7; 2Co.1:22; 6:1-2; Ga.5:17; Ep.2:10; 3:20; 4:30; Ph.3:4-9; 1Pi.2:9; 1Jn.2:27
Versets à lire en classe: Ph.3: 4-9
Verset de mémoire: Car, qui est-ce qui distingue? Qu'as-tu que tu n'aies reçu? Et si tu l'as reçu, pourquoi te glorifies-tu comme si tu ne l'avais pas reçu? **1Co.4:7**
Méthodes: discours, comparaisons, questions
But: Montrer que personne ne doit se glorifier de ses dons puisque tous viennent de Dieu.

Introduction
Qui sur cette planète est plus privilégié que le chrétien? Dites-le-moi bien. Et vous me donnerez raison quand vous ferez la connaissance des apôtres et de tous ceux-là qui ont marché sous la sainte influence de l'Esprit.

I. La déclaration de l'apôtre Pierre
1. Dieu envoie de son «Esprit sur toute chair», plus précisément sur ses serviteurs et ses servantes. Ac.2:18

   Ceci implique que dès la conversion, on reçoit le don du Saint Esprit en prévision des services que nous aurons à rendre comme serviteurs et servantes. Ac.2:38; Ep.2:10

Le chrétien et son œuvre messianique à partir des dons reçus.

1. Dès la conversion, Dieu nous a marqués de **son** sceau. 2Co.1:22; Ep.4:30
2. Nous sommes sa propriété. Il a plein droit de faire de nous et en nous ce qu'il veut. Ep.3:20
3. Il nous donne des dons par l'Esprit pour un service spécial. 1Co.12:4-11
   a. Même si une Eglise n'est pas nombreuse, Dieu y met au moins une personne pour chaque don qu'il veut utiliser. Si un don manque, priez pour que Dieu l'envoie d'ailleurs ou le révèle parmi vous.
   b. Une personne peut avoir un don sans recevoir l'onction. Priez pour cette onction car si le don n'est pas sanctifié, vous ne pouvez rien faire de valable pour Dieu. Jn.15:5 La chair va siéger en vous pour votre malheur et pour de grands dommages dans l'Eglise. Ro.8:8; Ga.5:17

II. Des remarques sur les dons.
1. **Ils peuvent être naturels.**
   Paul dira de lui-même:
   a. Juif, de la tribu de Benjamin, né d'hébreux.
   b. Quant à la loi: pharisien et observateur de la Loi.
   c. Quant au zèle: persécuteur de l'Evangile.
   d. Il avait le langage facile. Il parlait 4 langues. Latin, araméen, hébreu et grec. Ph.3:4-6
   e. Il était un intellectuel de haut calibre. Dieu s'en est servi pour qu'il écrive treize

épitres aux églises, aux pasteurs et à des particuliers.

Paul regarde ces avantages comme de la boue, car aucun de ces dons ne pouvait amener une âme à la conversion. Ph.3:4-9

2. Ils peuvent être naturels mais sanctifiés par Dieu pour son service. Ac.9:15
   a. Paul avait le don de persuasion. Il prêcha avec zèle tant aux individus comme aux gouverneurs Félix, Festus et au roi Agrippa 1er Ac.26:24-30
   b. Grace à son don d'écrire, Il nous laisse treize épitres sans lesquels le Christianisme ne serait pas totalement explicatif.

3. **Ils peuvent être spirituels.**
   a. Paul voulait rester sous le couvert de l'humilité. Ecoutez son message aux Corinthiens:
   «Qu'as-tu que tu n'aies reçu? Et si tu l'as reçu, pourquoi te glorifies-tu comme si tu ne l'avais pas reçu?» 1Co.4:7
   b. Que personne ne fasse marché noir des dons que Dieu lui confie. Il sanctifie et vous et les dons pour son service et il va vous en demander compte. 2Co.6:1-2
   Il a rejeté le roi Saul avec tous ses dons et lui rappelle «que l'obéissance vaut mieux que les sacrifices et que la désobéissance est aussi coupable que la divination» 1S.15:22, 23
   c. Dieu ne nous doit rien pour le service que nous lui rendons car nous sommes son

ouvrage, ayant été créés en Jésus-Christ pour de bonnes œuvres afin que nous les pratiquions. Ep.2:10

Conclusion

Dieu nous donne le privilège de devenir enfants de Dieu. Servons-le avec honneur et respect.

Questions

1. Pourquoi disons-nous que le chrétien est le plus grand privilégié sur la planète?
    a. Il est serviteur de Dieu
    b. Dieu le marque de son sceau.
    c. Il le distingue comme sa propriété.
    d. Il sanctifie ses dons naturels
    e. Il lui donne des dons spirituels
2. Que faire si un don manque dans l'Eglise?
    On n'a qu'à prier Dieu pour qu'il l'envoie.
3. Qu'est-ce qui va arriver si on veut faire «marché noir» de ses dons?
    a. On ne pourra rien faire pour Dieu
    b. Dieu va vous rejeter avec tous vos dons
4. Que disait-il à Saul pour sa désobéissance?
    L'obéissance vaut mieux que les sacrifices.
5. Pourquoi Dieu ne nous doit-il rien pour notre service?
    Il nous a créés en Jésus-Christ pour de bonnes œuvres afin que nous les pratiquions.

Leçon 7
Le maintien de l'onction

Textes pour la préparation: Ex.30:30; Ps.51:13-14; Mt.19:28; Lu.24:45; Jn.14:3; Ac.2: 16-18, 41; 4:4,13; 9:15; 5:41-42; Ro.1:1; 2Co.1:21-22; 1Pi.2:9; 1Jn.2:27
Versets à lire en classe: 1Ti.4:13-16
Verset de mémoire: Ne néglige pas le don qui est en toi, et qui t'a été donné par prophétie avec l'imposition des mains de l'assemblée des anciens. **1Ti.4:14**
Méthodes: discours, discussion, comparaisons, questions
But: montrer comment maintenir la permanence des dons

Introduction
Quel que soit le don que Dieu nous confère, il nous incombe de le gérer pour les raisons suivantes.

I. Dieu nous privilège
Il nous distingue comme serviteurs et servantes. Ex.30:30; Ac.2:16-18
a. Considérez nos titres: ambassadeur, nation sainte, sacerdoce royal. Nous serons assis à la droite de Christ dans les cieux. Jn.14:3; 1Pi.2:9
b. Dieu nous a affermis en Christ, et il nous a oints en nous marquant du sceau de l'Esprit. 2Co.1:21-22
c. C'est un prélude à une grande promotion. Nous serons assis sur douze trônes pour juger les douze tribus d'Israël. Mt.19:28

Il nous instruit.
Son onction nous donne de la connaissance. 1Jn.2:27

a. Dieu nous ouvre les yeux pour que nous comprenions les Ecritures. Si nous ne venons pas au service d'Etude Biblique et à l'Ecole du dimanche, nous perdons le privilège d'enrichir notre connaissance, et notre réaction sera différente devant les problèmes. Lu.24:45
Ainsi Dieu va nous enlever cette onction qui ne nous est pas donnée comme un trophée mais comme un mode de relation avec lui.
b. C'est ce qu'avait craint David quand il disait: «Ne me rejette pas loin de ta face, ne me retire pas ton Esprit saint mis pour onction. Rends-moi la joie de ton salut...» Ps.51:13-14
c. Remarquez la joie des apôtres au milieu des persécutions. On pouvait comprendre leur attitude à cause de l'onction qui était sur eux. Ac.5:41-42
d. Dieu se révèle à nous quand nous jeûnons et prions. C'est une bonne manière de renforcer notre onction dans sa présence. Ac.13:2

Cette onction accompagne la qualification.
On n'a pas besoin d'être qualifié pour être appelé. Au contraire, Dieu qualifie ceux qu'il appelle:
  a. Pierre était un homme du peuple sans instruction, donc sans qualification. D'un simple pêcheur de poisson, Jésus en a fait un pêcheur d'hommes. Et pour preuve, il fonda en un jour, une Eglise de trois mille

membres. Ce chiffre atteint aisément cinq mille. Ac.2:41; 4: 4 ,13

b. De Paul, il déclare que c'est un instrument qu'il s'est choisi pour... Ac.9:15 Paul, serviteur, appelé à être apôtre. Ro.1:1 Serviteur est ici un stagiaire attendant l'onction pour être apôtre, c'est-à-dire un missionnaire sur une plus grande échelle.

L'onction et la qualification sont comprises dans cette déclaration.

Conclusion

Puisque nous travaillons avec Dieu, nous vous exhortons à ne pas recevoir la grâce de Dieu en vain. 2Co.6:1

Questions

1. Quels sont les noms que Dieu donne à l'oint?
   Serviteur, ambassadeur, nation sainte, sacerdoce royal
2. Comment nous distingue-t-il?
   En nous marquant de son sceau
3. Quelle sera la position de l'oint dans les cieux?
   Juge
4. Que nous confère cette onction?
   a. La connaissance
   b. L'autorité
   c. La joie même dans la souffrance
5. Faut-il être qualifié pour être appelé?
   Non. Dieu qualifie celui qu'il appelle.
6. Donnez en deux exemples:
   Pierre, Paul.

Leçon 8
Privilèges exclusifs de l'oint

Textes pour la préparation: No.18:8; Jug.16:20c; 1S.16:12-13; 17:26, 44-51; 26:9; 2S.3:39; 5:17-24; Ps.51:13; 105:15; Mt.6:7; 16:18; 17:1-3; 27:46; Jn.19:30; Jc.5:4; 1Pi.3:19; 1Jn.5:19

Versets à lire en classe: Ps.105:8-15

Verset de mémoire: Samuel prit la corne d'huile et l'oignit au milieu de ses frères. L'Esprit de l'Eternel saisit David, à partir de ce jour et dans la suite. **1S.16:13a**

Méthodes: Discours, comparaisons, questions

But: Rappeler aux chrétiens de mettre en action la force spirituelle de Dieu en eux.

Introduction
Quelle grâce d'être un oint de l'Eternel! Est-ce une raison de s'en vanter? Comment se présente-t-il?

I. Par la force.
1. Une fois oint, David a de la force pour terrasser Goliath. 1S.16:12-13.
2. Les philistins se sentirent menacés quand David reçut cette onction. Aussi viennent-ils l'attaquer avant qu'il ne devienne trop puissant. 2S.5:17
3. Il les a battus deux fois de suite. David était conscient de la puissance de l'onction; malgré tout, il se sentit abattu devant la puissance des fils de Tseruja. 2S.3:39
4. Les disciples reçurent de Jésus un pouvoir dirigé: il les envoie en mission en leur donnant le pouvoir sur tous les esprits impurs. Mc.6:7

II. Par l'immunité.

Tant que vous vivez dans la sainteté, vous êtes immune. «Ne touchez pas à mes oints, et ne faites pas de mal à mes prophètes», dit l'Eternel. Ps.105:15; 1Jn.5:19

1. David a refusé de frapper Saul, son ennemi numéro un, à cause de l'onction de l'Eternel qui était sur lui. 1S.26:9
2. Mais ce même David a perdu son onction et du même coup, son immunité, dans l'affaire de Bath-Schéba. Il devait s'écrier: Ne me rejette pas loin de ta face, ne me retire pas ton Esprit Saint, mis pour onction. Ps.51:13
3. Samson aussi l'avait perdue dans la trahison de Delila. Quand il se croyait fort, il ne savait pas que l'onction était sortie de lui! **Jug. 16:20c**
4. Tant que votre mission n'est pas accomplie, rien ne pourra vous nuire. Au contraire, Dieu peut vous envoyer des renforts pour suppléer à l'onction.
    a. Elie et Moise étaient à la montagne de transfiguration pour supporter Jésus. L'onction n'était pas sortie de lui à sa mort sur le calvaire. Mt.17:1-3
    b. Si Dieu l'avait abandonné, il faut croire que Jésus était «à la salle d'examen au moment où, en toute décence, son professeur ne devait pas être présent.» Il devait subir son épreuve seul et jusqu'au bout pour dire enfin avec satisfaction: «Tout est accompli.» Jn.19:30
    c. Cette même onction était sur lui quand il allait prêcher aux esprits en prison pendant les trois jours dans la tombe. 1Pi.3:19

III. Par l'autorité.

Le soldat est conscient d'être investi d'une puissance extraordinaire quand il porte à son képi l'armoirie qui représente les armes de la république.

De même le chrétien, investi de l'onction rassemble en lui toutes les forces du ciel. Ainsi toutes les puissances de l'enfer ne sauraient prévaloir contre lui. Mt. 16:18

IV. Par des droits non négociables.

En Israël, le peuple répondait normalement à des frais alloués au sacrificateur et qui s'appelle «le droit d'onction». C'est un privilège qu'il jouit en vertu de sa position. No.18: 8

Conclusion

Qu'aucun de vous désormais ne sous-estime la valeur de l'onction, car c'est avec jalousie que Dieu chérit l'Esprit qu'il a placé en vous. Jc.4:5.

Questions

1. Comment se présente les privilèges de l'oint?
   a. Par la force
   b. Par l'immunité
   c. Par l'autorité

2. Avec quoi David a-t-il pu affronter le géant?
   Par la puissance de l'onction

3. Qui l'avait oint? Le prophète Samuel
4. Avec quelle puissance les disciples ont-ils pu chasser les mauvais esprits?
   Avec la puissance de l'onction

5. Qui les avait oints? Jésus

6. Pourquoi David avait-il refusé de frapper le roi Saul, son ennemi?
   Parce que Saul était l'oint de l'Eternel

7. Dieu peut-il nous abandonner quand nous sommes oints? Non.

8. Comment? Il nous éprouve.

9. Qu'est-ce-que le droit d'onction?
   Un privilège accordé au sacrificateur dans l'exercice de sa fonction.

Leçon 9
Ce qu'il ne faut pas confondre

Textes pour la préparation: 1R.19:9-14; Za.4:6; Mc.6:5, 13; Lu.10:34; Ja.5:14-15
Versets à lire en classe: Ja.5:13-16
Verset de mémoire: La prière de la foi sauvera le malade, et le Seigneur le relèvera; et s'il a commis des péchés, il lui sera pardonné. **Ja.5:15**
Méthodes: discours, comparaisons, questions
But: Eveiller l'attention des chrétiens sur les choses à ne pas confondre.

Introduction
Certaines erreurs sont commises dans l'interprétation du terme onction, et ces erreurs dérangent sérieusement la formation du chrétien. Que sont-elles?

I. Confondre les dons naturels avec la manifestation du Saint-Esprit.

Les dons naturels nous sont accordés par Dieu lui-même. Ils sont innés. Ils peuvent se manifester avec beaucoup d'émotion. C'est normal. Les dons spirituels sont acquis à la conversion. L'émotion peut agir sur votre état d'âme et affecter votre attitude et même votre condition physique.

La puissance n'est pas dans l'émotion mais dans l'onction de l'Esprit Saint. Le prophète Zacharie dira: Ce n'est ni par la force ni par la puissance, mais c'est par mon Esprit, dit l'Eternel. Zach.4:6

Le prophète Elie aurait pu se tromper devant les manifestations naturelles au mont Horeb. La Bible dit clairement que l'Eternel n'était pas dans

les grandes manifestations, et nous citons: il n'était pas
1. Dans le vent fort et violent. 1R.19: 11
2. Dans le tremblement de terre. 1R.19: 11b
3. Dans le feu. 1R.19:12
   Dieu n'était pas dans ces activités qui soulèvent l'émotion.
   Mais Il ne l'était que dans une bise, un petit vent doux et léger. 1R.19:12b

II. Confondre l'oint et loin
1. «L'oint» est celui qui est marqué, couvert et conduit par l'Esprit pour un service que Dieu ordonne.
2. «Loin» est un adverbe employé pour signifier qu'on est à une grande distance dans le temps ou dans l'espace. On peut vivre comme ascète dans la contemplation sans pour autant avoir l'onction de l'Esprit.
3. Je saisis l'occasion pour vous dire qu'on peut être:
   a. Près de l'Eglise, près de son groupe dans l'Eglise mais **loin** de Dieu.
   b. Près de la religion, près de la doctrine mais **loin** du Salut en Christ.
   c. Près du pasteur et de sa femme mais **loin** du ciel.

III. Confondre l'onction d'huile et la prière de la foi. Ja. 5:14-15
1. Jacques recommande aux chrétiens d'appeler les anciens pour prier pour eux dans les cas de maladie. Cependant ce n'est pas l'onction

d'huile qui guérit le malade mais la prière de la foi. Ja.5:15
2. L'onction d'huile était courante dans le temps de Jésus pour calmer des douleurs. Lu. 10:34
3. Les disciples appliquaient l'huile sur des malades, mais c'est le pouvoir que Jésus leur confère qui guérit les malades. Mc.6:5, 13
4. Ne dites pas que vous n'irez pas guérir un malade parce que vous n'avez pas l'huile sainte de Jérusalem. Satan serait satisfait de votre raisonnement.

Conclusion

Soyez des saints mais ne faites pas la sainte-nitouche c'est-à-dire hypocrite.

Questions

1. Quelle différence faites-vous entre les dons naturels et les dons spirituels?
   Les dons naturels sont innés. Les dons spirituels sont acquis à la conversion.
2. Quelle est la différence entre l'oint et loin?
   L'oint est une personne marquée, couverte et conduite par le Saint Esprit. Elle est commissionnée par Dieu pour une tache bien déterminée.
   Loin est un adverbe pour marquer une grande distance dans le temps ou dans l'espace.
5. Dites à quoi on peut attribuer la guérison du malade ___ l'onction d'huile ___ la grosse voix du prédicateur ___ la prière de la foi.

Leçon 10
Les restrictions de l'oint

Textes pour la préparation: Ex.34:7; Lé.10:1-10; 16:1-10; Jg.11:29-39; 1S.2: 29-32; 4:17; 16:6-7; Lu.17:21
Versets à lire en classe: Lé.16:1-10
Verset de mémoire: Ainsi donc, que celui qui croit être debout, prenne garde de tomber! **1Co.10:12**
Méthodes: Discours, comparaisons, questions
But: Rappeler aux chrétiens, surtout les anciens, de ne pas prendre les choses de Dieu à la légère.

Introduction
Peut-on croire que l'oint est au-dessus des lois et des principes? Nullement. La Bible ne dit-elle pas que celui qui croit être debout prenne garde de tomber? 1Co.10:12
Comment doit se comporter l'oint de Dieu?

I. Il doit observer le respect des choses sacrées.
1. Il ne doit pas prendre à la légère la présence de Dieu. Lé.16:2.
   Prenons par exemple Aaron. Il est bien le frère de Moise. Il est bien le premier souverain sacrificateur dans la lignée sacerdotale. Et pourtant, Dieu lui envoie par Moise un code de conduite à observer pour entrer en sa présence. Lé.16:2-10

2. Il doit être impartial même envers ses enfants. La tolérance d'Aaron lui valut la mort de deux de ses enfants Nadab et Abihu. Lé.10:1-3

La tolérance d'Eli, le sacrificateur et juge en Israël, était la cause de la mort de ses deux fils Hophni et Phinées. 1S.2:29-32; 4:17

3. Il doit se soumettre à la discipline comme tout le monde. Lé.10:7-10
Aaron devait accepter sans maugréer, la perte de ses deux enfants. De plus, il doit continuer son ministère parmi le peuple sans faire de commentaire ou se montrer mécontent pour la sanction du Tout-Puissant. Lé.10:6

4. Un autre exemple avec Jephté: L'oint doit respecter sa parole d'honneur. Jephté de Galaad, était oint par Dieu pour délivrer Israël des mains des ammonites. Il ne pouvait rétracter le serment qu'il avait fait d'offrir en holocauste le premier venu après sa victoire. Voilà comment il sacrifia sa fille à l'Eternel. Jg.11:29-31, 34-35

5. Enfin avec le prophète Samuel. Il doit négliger ses préférences sentimentales devant les décisions de Dieu.
Malgré ses préférences pour Eliab, l'un des fils d'Isaïe, Samuel ne pouvait choisir que David comme l'oint de l'Eternel. 1S.16:6-7

Appel

L'onction de Christ sur vous vous distingue. Toutes les forces de l'enfer doivent plier devant vous parce que vous avez le ciel avec vous et le royaume de Dieu au-dedans de vous. Retenez seulement que Dieu ne tiendra pas le coupable pour innocent. Ex.34:7; Lu.17:21

Questions

1. Quelle discipline doit observer l'oint de l'Eternel?
   a. Il doit respecter les choses sacrées
   b. Il doit être impartial
   c. Il doit se soumettre devant la discipline comme tout le monde.
   d. Il doit respecter sa parole d'honneur.
   e. Il doit négliger ses préférences sentimentales devant les décisions de Dieu.
2. Qui était le premier souverain sacrificateur en Israël?
   Aaron, le frère ainé de Moise.
3. Quelles étaient les restrictions que Dieu lui avait faites?
   Il doit suivre à la lettre un code de conduite pour entrer en sa présence.
4. Citez deux parents tolérants et la conséquence de leur agissement.
   Le sacrificateur Aaron et le juge Eli. Dieu les punit par la perte de deux de leurs enfants pour raison de tolérance.
5. Pourquoi Jephté de Galaad avait-il sacrifié sa fille au lieu d'une autre à l'Eternel?
   Parce qu'il devait respecter sa parole d'honneur.

Leçon 11
L'éducation chrétienne, un job comme tous les autres

Textes pour la préparation: 1Ti.5:8
Versets à lire en classe: 1Ti.5:1-8
Verset de mémoire: Si quelqu'un n'a pas soin des siens, et principalement de sa famille, il a renié la foi, et il est pire qu'un infidèle. **1Ti.5:8**
Méthodes: discussions, comparaisons, questions
But: Considérer les dégâts causés dans la vie d'un enfant non désiré.

Introduction
A voir comment certains enfants sont traités, on se demande s'ils ne sont pas les victimes des passions ou de l'insouciance de leurs parents. Prenons-en un de cette catégorie pour illustration.

I. Comment cet enfant était conçu.
Il n'était pas attendu. Les partenaires ont voulu satisfaire leurs passions déchaînées et l'enfant est venu comme un colis embarrassant.
1. Adonija un fruit des passions déchaînées du roi David fut élevé dans l'indifférence. Son père ne lui avait prêté aucune attention. Voilà pourquoi il devient mal élevé et ne savait comment s'introduire en société jusqu'à connaitre une mort cruelle. 1R.1:5-6
2. Au contraire Salomon, a hérité de la couronne royale avec toutes les relations politiques de son père. Pourquoi? Parce qu'il était né de Bath-Shéba sa femme favorite. 1R.1:28-31

II. **Comment cet enfant est reçu**
 1. Il est reçu non comme un cadeau mais comme un fardeau. Il est un fruit non désiré.
 2. D'où les paroles blessantes, des mots hachés pour lui parler.
 3. D'où les blâmes sans raison qu'il n'a pas le droit de contester.

III. **Comment cet enfant est conduit**
 1. Il doit subir une dictature de parents toujours irrités.
 2. Il doit subir une attitude rigide et il est puni pour rien comme s'il ne devait commettre aucune faute.
 3. Le choix de son école, de sa carrière, de ses vêtements, de ses amis, tout est matière à discussion.
 On se limite à lui donner le strict nécessaire. Tout est fait par devoir et non par amour.
 L'enfant n'osera demander des jouets à son père ou de sortir avec ses amis. Il doit s'attendre à un refus catégorique.
 4. Il ne peut avoir de préférence. Le petit prisonnier ne sait comment s'échapper. Il devient aigri et méchant.

IV. **Quel en est la conséquence pour la société?**
 1. Une haine pour tout ce qui est droit, grand et beau.
 2. Une haine pour les hommes comme si tous sont responsables de sa condition.

3. De là viennent les drogués, les criminels, les prostituées professionnelles et des gens qui ont de la haine pour Dieu le Père.
4. Ils feront l'affaire des journaux, des stations de radio et de la télé.
5. Ils passeront leur vie entre les rues, la Police, le tribunal, la prison avant d'atteindre la morgue.

Conclusion

Si Dieu vous donne une licence de parents, ne faites pas tort à la société en lui offrant le produit de la honte. Faites en sorte que vous soyez plutôt fiers du résultat de vos actes.

Questions

1. Qui était Adonija?
   Un fils négligé de David, son père.
2. Qui était Salomon?
   Le fils préféré de David, son père.
3. D'où vient l'enfant non désiré?
   De la passion et de l'insouciance des parents.
4. Comment est-il reçu?
   Comme un colis encombrant
5. Comment se comportent généralement ces parents à l'endroit de l'enfant?
   Avec dureté.
6. Quelle en est la conséquence pour l'enfant?
   Il devient aigri et méchant.
7. Quelle en est la conséquence pour la société?
   Elle sera victime de sa tyrannie et de ses crimes.

Leçon 12
Comment concevoir l'Education chrétienne

Textes pour la préparation: Ps.34:1-23; 91:1; Pr.3:12; 22:6; Je.29:11; Mt.25; Ac.4:32
Versets à lire en classe: Mt.25:37-46
Verset de mémoire: Car l'Eternel châtie celui qu'il aime, comme un père l'enfant qu'il chérit. **Pr. 3:12**
Méthodes: Discussion, comparaisons, questions
But: Accentuer les trois grands domaines de l'éducation de l'enfant.

Introduction
Il faut de tout pour faire un monde. L'enfant est un monde. Il lui faut: Dieu, la famille et la patrie. D'où la nécessité pour lui d'avoir des parents, une école de formation pour son instruction civique et morale, et la Bible pour sa formation spirituelle.

I. La notion de Dieu dans sa vie
Elle est mieux inculquée par le père responsable. Il comprendra plus facilement l'idée de «Notre Père qui es aux cieux» quand son père terrestre imite Dieu le Père dans ces domaines:
a. Un père soucieux de son devoir. Ps.91:1
b. Un père soucieux de le protéger et d'écouter ses doléances. Ps.34:7-8
c. Un père prompt à le corriger. Pr.22:6
d. Un père prévoyant pour son avenir. Je.29:11

II. La notion de famille
L'enfant élevé au milieu d'un père et d'une mère responsables, a toute la chance d'être équilibré.

1. Il saura faire le départ entre ses droits et ses devoirs au lieu de satisfaire ses caprices.
2. Il apprendra à aimer et à servir. Et s'il a un frère ou une sœur, il apprendra à partager. Ac. 4:32
3. Il apprendra à aimer son prochain et à le servir aussi pour ne pas mériter les reproches du Seigneur au dernier jour. Mt.25:37-40

III. La notion de la patrie

Il n'y rien qui puisse mieux former un citoyen que l'instruction civique et morale.

L'enfant apprendra

1. A respecter les biens d'autrui.
2. A défendre sa patrie
3. A respecter la liberté des autres.

Autrement, il vivra sans honneur, sans dignité, défendant ses intérêts au détriment de la nation. Un parent exemplaire dans ces domaines rend service à la société, et mérite le titre de héros.

Conclusion

L'Education chrétienne ne peut être conçue sans la combinaison de ces trois: Dieu, la famille, la patrie. Heureux l'enfant qui a un père et une mère responsables.

Questions

1. Quelle sont les trois notions indispensables pour la bonne formation de l'enfant?
   Dieu, la famille et la patrie

2. Quel avantage va-t-il avoir avec un père responsable?
   a. Il comprendra mieux la notion de «Dieu le Père».
   b. Il sera plus facilement discipliné.
   c. Il prendra plus au sérieux ses devoirs.

3. Dites 3 avantages qu'il aura au sein de la famille
   a. Il apprendra mieux à aimer, à partager et à servir.
   b. Il combattra l'égocentrisme.

4. Quel sera son sentiment envers la patrie?
   a. Il aimera son pays et sera prêt à le défendre.
   b. Il ne tirera pas des profits personnels au détriment de son pays.

Récapitulation des versets pour le trimestre

Leçon 1.
Quiconque met la main à la charrue et regarde en arrière, n'est pas propre au royaume de Dieu. **Lu. 9: 62**

Leçon 2
Dieu est terrible dans la grande assemblée des saints. Il est redoutable pour tous ceux qui l'entourent. **Ps.89:8**

Leçon 3
Maintenant, vas, je t'enverrai auprès de Pharaon et tu feras sortir d'Egypte mon peuple, les enfants d'Israël. **Ex. 3:10**

Leçon 4
C'est moi qui ai suscité Cyrus dans ma justice, et j'aplanirai toutes ses voies ; Il rebâtira ma ville, et libérera mes captifs, sans rançon ni présents, dit l'Eternel des armées. **Es.45:13**

Leçon 5
L'Esprit du Seigneur est sur moi, parce qu'il m'a oint pour annoncer une bonne nouvelle aux pauvres; il m'a envoyé pour guérir ceux qui ont le cœur brisé. **Lu.4:18**

Leçon 6
Car, qui est-ce qui distingue? Qu'as-tu que tu n'aies reçu? Et si tu l'as reçu, pourquoi te glorifies –tu comme si tu ne l'avais pas reçu? **1Co.4:7**

Leçon 7
Ne néglige pas le don qui est en toi, et qui t'a été donné par prophétie avec l'imposition des mains de l'assemblée des anciens. **1Ti.4:14**

Leçon 8
Samuel prit la corne d'huile et l'oignit au milieu de ses frères. L'Esprit de l'Eternel saisit David, à partir de ce jour et dans la suite. **1S.16:13a**

Leçon 9
La prière de la foi sauvera le malade, et le Seigneur le relèvera; et s'il a commis des péchés, il lui sera pardonné. **Ja.5:16**

Leçon 10
Ainsi donc, que celui qui croit être debout, prenne garde de tomber! **1Co.10:12**

Leçon 11
Si quelqu'un n'a pas soin des siens, et principalement de sa famille, il a renié la foi et il est pire qu'un infidèle. **1Ti.5:8**

Leçon 12
Car l'Eternel châtie celui qu'il aime, comme un père l'enfant qu'il chérit. **Pr. 3:12**

Série 3

Les Rois De Juda

Avant-propos

S'il nous faut écarter pour le moment Saul, David et Salomon dont les règnes s'étendaient sur Israël et Juda, le royaume de Juda proprement dit, était gouverné successivement par dix-neuf rois, tous issus de David, savoir:

Roboam, Abijam, Asa, Josaphat, Joram, Achazia, Joas, Amatsia, Osias, Jotham, Achaz, Ezéchias, Manassé, Amon, Josias, Joachaz, Jojakim, Jojakin et Sédécias. Ils ont régné de l'année 972 à l'année 562 avant Jésus-Christ. (Av. J.C.)

Malgré la désobéissance du peuple d'Israël à l'alliance faite au Mont Sinaï, Dieu en a fait une avec David et par laquelle il promet de lui conserver une lampe. 1R.11:36; 14:4

Cette lampe brillera de tout son éclat avec Christ, l'héritier ultime du trône davidique. Lu.1:32 Tous, jusqu'aux mendiants des rues, le reconnaissent. Lu.18:38

Nous allons voir le comportement de certains de ces rois et ses conséquences au sein du royaume de Juda.

L'auteur

Leçon 1
Les conditions de Dieu pour l'institution de la royauté en Israël

Textes pour la préparation: Lé.1:1-4; De.17:14-20; 1R.8:44-49; 9:6-7; 10:28; 11:1-5,11; 22:5, 13-14; Job.39:22-28; Es.31:1-3; 50:10
Versets à lire en classe: De. 17:14-20
Verset de mémoire: Tu mettras sur toi le roi que choisira l'Eternel, ton Dieu, tu prendras un roi du milieu de tes frères, tu ne pourras pas te donner un étranger, qui ne soit pas ton frère. **De.17:15**
Méthodes: Discours, comparaisons, questions
But: Etablir les règles du jeu dans la royauté d'Israël.

Introduction

Israël était reconnu comme le peuple de Dieu et gouverné par Dieu lui-même. Le prophète était l'homme de Dieu qui avait le droit de nommer et de révoquer les rois. D'où un gouvernement théocratique. Comment était régi ce gouvernement?

I. Il était régi d'après l'ordre de l'Eternel.
1. Le roi était oint pour les raisons suivantes:
   D'abord, il doit être un Israélite de père et de mère. De.17:15
   Il devra obtenir des sacrificateurs une copie de la Loi. V.18
   a. Pour la méditer jour et nuit. V.19
   b. Pour apprendre à obéir à Dieu. De.17:18
   c. Pour conduire le peuple dans l'obéissance à Dieu et garantir sa royauté. De.17:18

2. Il devra écouter le prophète qui peut l'oindre, le blâmer et même le révoquer. Et Dieu approuve toujours la décision de son serviteur. Es.50:10
Il devait le consulter surtout quand il doit livrer bataille à l'ennemi. 1R.22:5, 13-14
3. Il devra s'abstenir d'aller en Egypte pour se procurer des chevaux et cela, pour deux grandes raisons:
Pour éviter la tentation d'aller de temps en temps en Egypte et retomber dans la chute. Es.31:1,3
Pour éviter de croire en la capacité de l'homme pour vaincre. Le cheval est fait pour la guerre. Israël doit compter non pas sur ses moyens pour vaincre mais sur Dieu, l'Eternel des armées. De. 17: 16; Job.39:22-28
4. Il ne devra pas avoir beaucoup de femmes pour éviter la débauche et l'idolâtrie. De.17:17
5. Il devra mépriser la richesse matérielle. De.17: 17
Le roi Salomon avait désobéi Dieu dans les trois points suivants pour son malheur:
   a. Il recrutait ses chevaux de l'Egypte. 1R.10:28;
   b. Il avait 1000 femmes. 11:3
   c. A la fin, il servit leurs dieux. 1R.11: 4

II. Il était régi d'après l'ordre de l'Eternel seul.
1. La vie sociale et politique du roi était passée presque au silence.
2. Cependant, Jérusalem, la ville de Dieu devra être le centre religieux du monde. Et Dieu punissait l'idolâtrie avec sévérité. 1R.8:44,48-49; 9:6-7

3. Les sacrificateurs étaient aidés des lévites pour conduire le peuple dans l'adoration et s'occuper des sacrifices à l'Eternel. Lé.1:1-4

Conclusion

Voilà qui rendait Israël différent des autres peuples. Chrétiens, faisons aussi la différence.

Questions

1. Quel genre de gouvernement Dieu a-t-il prévu pour Israël? Un gouvernement théocratique

2. Que demande-t-il au roi?
   a. Qu'il écoute le prophète
   b. Qu'il obtienne du sacrificateur une copie de la Loi pour la méditer jour et nuit.
   c. Qu'il conduise le peuple d'après la Loi de l'Eternel.

3. De quoi doit-il s'abstenir?
   De beaucoup de femmes, de l'argent et d'un grand nombre de chevaux.

4. Pourquoi ces restrictions?
   Pour ne pas détourner son cœur et le cœur du peuple du vrai Dieu.

5. Quel était le rôle des sacrificateurs et des lévites?
   a. Recevoir les sacrifices du peuple pour la présentation à l'Eternel.
   b. Conduire le peuple dans l'adoration

Leçon 2
Roboam, roi de Juda

Textes pour la préparation: Ge.19:30-38; 1R.12:13-14; 2Ch.10:4-16; 12:1-16
Versets à lire en classe: 2Chr.10:4-11
Verset de mémoire: La crainte de l'Eternel est le commencement de la sagesse; Les insensés méprisent la sagesse et l'instruction. **Pr.1:7**
Méthodes: Discours, comparaisons, questions
But: Considérer les conséquences de la stupidité du jeune roi Roboam.

Introduction:
Roboam? Que veut dire ce nom dans la dynastie davidique?

I. Esquisse biographique:
1. Roboam était fils du roi Salomon et de Naama, une femme ammonite. 2Ch.12:13
2. Il était le premier héritier du trône de David après Salomon. Il avait 41 ans quand il accéda au pouvoir et il régna 17 ans à Jérusalem. 2Ch.12:13
3. Il ignorait qu'après toute dictature, le gouvernement suivant pourrait être branlant.
4. Il était fermé aux bons conseils que lui prodiguaient les anciens politiciens dans le royaume de son père. Il a préféré écouter les jeunes gens de son âge, des jouisseurs et des irresponsables comme lui. 2Ch.10:4-11

Les déboires de son règne:
1. Il promit de rendre le peuple esclave. 1R.12:13-14
2. Le peuple protesta. L'expression «A tes tentes» est un mot d'ordre de grève générale. 2Ch.10:16
3. Dix tribus d'Israël l'abandonnèrent pour former le royaume du Nord avec Samarie pour capitale. Seules Juda et Benjamin le suivirent pour former le royaume du Sud avec Jérusalem pour capitale. 2Ch.10:16-
4. Il connut une défaite humiliante devant Schischak, roi d'Egypte. 2Ch.12:1-13
   a. Schischak pilla la maison de l'Eternel et la maison du roi. Il prit aussi les boucliers d'or que Salomon avait faits. 2Ch.12:9
   b. Roboam les remplaça par des boucliers de qualité inférieure. 2Ch.12:10
   c. Il perdit son prestige devant l'ennemi et devant tout Israël. Il n'a pas eu le temps de montrer son petit doigt dont il vanta la puissance. 2Ch.10:10

II. Cause de ses déboires
1. Il croyait en sa force pour gouverner. 2Ch.12:1
2. Il abandonna l'Eternel qui, à son tour, l'abandonnait. 2Ch.12:5,14
3. Et pourquoi a-t-on cité le nom de sa mère, une ammonite? Souvenez-vous que les ammonites sont les produits incestueux de Lot et de l'une de ses filles, des gens sans gêne pour commettre les péchés grossiers. Ge.19:30-38

Conclusion

Avec la crainte pour Dieu vous pourrez régner sur vous-même et sur les hommes. Craignez Dieu.

Questions

1. Qui était Roboam?
   a. Fils du roi Salomon et de Naama l'ammonite
   b. Le premier roi du royaume de Juda
2. Quel âge avait-il quand il devint roi? 41 ans
3. Qui étaient ses conseillers? Des jeunes gens de son âge, sans aucune expérience politique.
4. Qu'avait-il offert au peuple?
   L'esclavage
5. Quelle était la réaction du peuple?
   Il l'abandonna.
6. D'où vient cet abandon?
   Il avait abandonné l'Eternel.
7. Quelles étaient les conséquences de sa chute?
   a. Il fut vaincu par Schischak, roi d'Egypte.
   b. Le peuple refusait de payer l'impôt.
   c. Il perdit son prestige royal devant le peuple.
8. Que veut dire «Le royaume du Nord»? La fédération des 10 tribus d'Israël
9. Que veut dire «Le royaume du Sud»? L'Association de deux tribus Juda et Benjamin
10. Quelle était leur capitale respective?
    Jérusalem pour le royaume du Sud et Samarie pour le royaume du Nord

Leçon 3
Asa, roi de Juda

Textes pour la préparation: 1R.15:1-24; 2Ch.13:23; 14:1-16; 15:1-19; 16:1-14
Versets à lire en classe: 2Ch.14:7-14
Verset de mémoire: «Eternel, tu es notre Dieu: que ce ne soit pas l'homme qui l'emporte sur toi!» **2Ch.14: 10c**
Méthodes: Discours, comparaisons, questions
But: Considérer la victoire qu'on peut obtenir grâce à l'obéissance à l'Eternel.

Introduction
Qu'il est sage, ce roi Asa, pour ne pas avoir suivi les stupidités de son père? Tout au contraire, il prit des dispositions louables pour ôter Juda de sa ruine.

I. Voyons son redressement général
1. Il organisa un réveil religieux. 2Ch.14:1-3
   a. Il bannit la prostitution dans le pays. On pouvait croire qu'il ferma les night-clubs, les maisons de prostitution. 1R.15:12
   b. Il découragea la pratique du vodou et de la magie en faisant disparaitre les idoles et les statues. 2Ch.14: 2, 4
   c. Et même Il dépouilla sa mère Maaca de la dignité de reine, parce qu'elle adorait les Astartés. 2Ch.14:16
   d. Il exigea à tout le peuple d'aller au temple pour adorer l'Eternel et entendre la Parole de Dieu. 2Ch.14:3
   Et comme résultat: Le royaume fut en repos devant lui. 2Ch.14: 4b.

2. Il consolida ses bases militaires. 2Ch.14:5
   Avec la paix, on peut s'attendre au progrès.
   a. Il eut le temps de bâtir et d'équiper des casernes dans tout le pays. 2Ch.14:5
   b. Il bâtit des villes fortifiées et bien gardées. 2Ch14:6
   c. Il organisa une armée de trois cent mille soldats augmentée de deux cent quatre-vingt mille archers. 2Ch.14:7

II. Victoire totale
1. Avec cette force, il vainquit l'armée de Zérach l'Ethiopien forte d'un million d'hommes. 2Ch.14:7-14 Comment?
2. Dieu présida lui-même à la bataille. 2Ch.14:11-12
3. Le peuple se livrait au pillage du butin. 2Ch.14:13-14

III. Quatre leçons apprises par le roi Asa.
1. Le succès n'est pas dans le nombre de soldats mais dans la foi en l'Eternel. 2Ch.14: 10
2. Nos batailles ne sont pas les nôtres mais celles de l'Eternel. 2Ch.14:11. C'est l'Eternel et non Asa qui frappa les Ethiopiens. 2Ch.14: 12. Le verset 12 parle du **peuple** d'Asa mais de **l'armée** de l'Eternel.
3. Dès qu'on médite la Parole de Dieu jour et nuit, on doit réussir. Ps.1:3; 2Ch.14: 3
4. Dieu arme leurs bras pour achever le combat et ramasser le butin. 2Ch.14: 13-14

Conclusion

Mais combien temps ces leçons resteront-elles dans la mémoire d'Asa? L'avenir dira le reste.

Questions

1. Qui était le successeur du roi Roboam?
   Son fils Asa

2. Quel était son premier geste?
   Rétablir la condition spirituelle du peuple

3. Quel était son deuxième geste?
   Consolider ses bases militaires

4. Qui devait-il affronter?
   Zérach l'Ethiopien avec une armée d'un million d'hommes

5. Qui conduisit la bataille? L'Eternel

6. Qui en profita? Le peuple

7. Quelles étaient les leçons apprises par Asa?
   a. C'est Dieu qui donne le succès et non notre armée.
   b. Le succès est dans la méditation de la Parole de Dieu jour et nuit.
   c. A la fin du combat, nous sommes à l'aise pour récolter les bénédictions.

Leçon 4
La fin d'Asa

Textes pour la préparation: 2Ch.14:8-15; 15:1-2; 16:1-14; Ps.105:15
Versets à lire en classe: 2Ch.16:7-10
Verset de mémoire: Car l'Eternel étend ses regards sur toute la terre, pour soutenir ceux dont le cœur est tout entier à lui. Tu as agi en insensé dans cette affaire, car dès à présent tu auras des guerres. **2Ch.16:9**
Méthodes: Discours, comparaisons, questions
But: Justifier le dicton: En toute chose il faut considérer la fin.

Introduction
La reconnaissance envers Dieu est une vertu. Asa a failli de la pratiquer après sa victoire sur Zérach l'Ethiopien. Il accumula ses «billions à la banque» et oublie l'Eternel, l'auteur de sa victoire.

I. Comment Dieu va-t-il intervenir?
1. Il lui fit des reproches par la bouche du prophète Azaria: Le roi abandonna l'Eternel parce qu'il devint riche. 2Ch. 15: 1-2
2. Le peuple en fit autant. On ne vient plus à «l'Eglise». Il n'y a plus de service dans le temple. Les sacrificateurs ont démissionné. V.3
3. Dès lors, Dieu les abandonne à eux-mêmes. Nul n'était en sécurité, même les dirigeants. V.5
4. Les mouvements de «déchoucage» étaient très fréquents. V.5-6
5. Le peuple aux abois, cria à l'Eternel pour implorer sa miséricorde. V.4
6. L'Eternel l' exauça. V.4

IV. Résultats
1. **Du côté du peuple**:
   Il y eut une prise de conscience:
   a. Le roi Asa se repentit: 2Ch.14: 8
   b. Il restaura le culte dans le temple de l'Eternel. V.8
   c. Le peuple adhéra au changement. V. 9-10
   d. Il offrit des sacrifices à l'Eternel. V. 10-11
   e. Le culte dans le temple était devenu obligatoire sous peine de mort. V.13
2. **Du côté de Dieu**:
   L'Eternel leur donna du repos de tous côtés jusqu'à la trente-cinquième année de son règne. V.15

V. Fin triste d'Asa
1. Il fit alliance avec les syriens contre ses frères, les enfants d'Israël. 2Ch.16:1-6
2. Il jeta en prison le prophète Hanani parce que celui-cil lui reprochait son inconduite. 2Ch.16:7-9
3. Trois ans après cette injustice au prophète, Asa tomba malade. Il eut les pieds enflés et il consulta les bocors en vue de sa guérison. Il mourut en putréfaction après deux ans de maladie. On devait bruler beaucoup de parfum pour chasser la mauvaise odeur dégagée par son corps puant. 2Ch.16:1,12-14

Conclusion

Quand Dieu dit: «Ne touchez pas à mes oints», il s'adresse à tous y compris les rois. Soyez sage. Ps.105:15

Questions

1. Quelle était l'attitude du roi Asa après sa victoire?
   Il abandonna l'Eternel.

2. Quelle était l'attitude du peuple? Il en fit autant

3. Quelle était la réaction de l'Eternel?
   Il les abandonna.

4. Comment était devenu le peuple?
   Livré à l'anarchie.

5. Que fit –il? Il cria à l'Eternel qui l'exauça

6. Que fit le roi?
   Il proclama le culte national obligatoire.

7. Que reprochait le prophète Hanani au roi Asa?
   Son alliance avec les syriens contre Israël.

8. Que fit le roi après cette exhortation?
   Il fit mettre le prophète en prison.

9. Comment mourut Asa?
   En putréfaction.

Leçon 5
Josaphat, roi de Juda

Textes pour la préparation: 1R.22:1-4, 41-51; 2Ch.17:1-13; 18:1-34; 19:1-7; 20:1-25
Versets à lire en classe: 2Ch.19:1-7
Verset de mémoire: Maintenant, que la crainte de l'Eternel soit sur vous; veillez sur vos actes, car il n'y a chez l'Eternel, notre Dieu, ni iniquité, ni égards pour l'apparence des personnes, ni acceptation de présents.
2Ch.19:7
Méthodes: Discours, comparaisons, questions
But: Montrer que Dieu déteste toute alliance de ses enfants avec des incroyants, même s'ils sont parents.

Introduction
Dieu n'a pas besoin du concours des incroyants pour assurer ses conquêtes. Le roi Josaphat l'a ignoré jusqu'à ce qu'il fût reproché par Jéhu, fils d'Hanani le prophète. 2Ch.19:1
Quelle en était la circonstance?

I. La conquête de Ramoth en Galaad avortée.
1. C'était la propriété de Juda et d'Israël accaparée par le roi de Syrie.
2. Achab, roi d'Israël fit alliance avec Josaphat, roi de Juda pour essayer de reconquérir Ramoth. 1R.22:3-4
3. Josaphat voulut consulter l'Eternel pour connaitre l'issue du combat. 1R.22:7, 9
4. Achab au contraire comptait sur ses 400 bocors. 1R.22:6

5. Dieu ne pouvait nullement apprécier cette alliance.
Finalement, ils firent appel au prophète Michée. Celui-ci leur donna le verdit divin: «Ce sera une bataille perdue.» 1R.22:17
Michée fut emprisonné immédiatement pour avoir dit la vérité. 1R.22:27-28
Et comme résultat: Achab, roi d'Israël fut tué. 1R.22:35-38

II. La victoire sur une coalition d'ennemis assurée.

Des Moabites, des Ammonites et des Maonites vinrent attaquer Juda. On dirait que Dieu attendait que Juda fût dans une bonne condition spirituelle pour justifier son intervention. Quelle était cette préparation? 2Ch.20:1-2

1. **Préparation spirituelle:**
   a. Josaphat avait mis sur pied un programme national d'Etude Biblique. 2Ch.17:7-9
   b. Quand cette coalition vint le surprendre, il déploya une plaidoirie devant l'Eternel. 2Ch.20:5-13
   c. Encouragé par Jachaziel, un lévite membre de la chorale d'Asaph, il porta le peuple à se confier en l'Eternel et dans les hommes de Dieu. 2Ch.20:20
   d. Il arrangea les chantres sur la ligne de bataille et garda l'armée à l'arrière. 2Ch.20:21
   C'est une façon de dire que même dans l'adversité, il donne à Dieu la priorité.

2. **Résultat de cette préparation**
   Dieu honora la foi de Jachaziel et l'humilité du roi Josaphat:

a. Il jeta la confusion entre les ennemis qui s'entretuèrent. 2Ch.20:22-23
b. Israël n'avait qu'à constater de ses yeux la rétribution des méchants. Ps.91:8
c. Il devait consacrer trois jours à ramasser le fabuleux butin de guerre. 2Ch.20:25
Voyez la défaite du roi Achab avec 400 bocors! Voyez la victoire du roi Josaphat et tout Juda sur leurs nombreux ennemis parce qu'ils s'étaient soumis à la parole de Dieu!

Conclusion

Confie toi en l'Eternel, dit le sage, et ne t'appuie pas sur ta sagesse. Pr.3:5

Questions

1. Pourquoi les rois de Juda et d'Israël ont-ils décidé la guerre contre la Syrie?
   Pour la reconquête de Ramoth en Galaad.
2. Sur qui comptait le roi Josaphat pour sa victoire?
   Sur l'Eternel
3. Et le roi Achab? Sur ses 400 bocors.
4. Pourquoi le prophète Michée fut-il mis en prison?
   Parce qu'il leur faisait savoir de la part de l'Eternel que cette bataille était perdue.
5. Comment le roi Josaphat a-t-il pu vaincre une coalition de trois rois?
   a. Il était supporté moralement par Jachaziel, un homme de Dieu.
   b. Il donnait la priorité à la louange à Dieu et non à l'armée.
6. Comment s'acheva cette bataille? Elle n'a pas eu lieu. Les ennemis se sont battus entre eux.

Leçon 6
Joram, roi de Juda

Textes pour la préparation: 2R. 8:16-24; 2Ch.20-25; 21:4-20; 22:1-2
Versets à lire en classe: 2Ch.21:12-17
Verset de mémoire: Il avait trente-deux ans lorsqu'il devint roi, et il régna huit ans à Jérusalem. Il s'en alla sans être regretté, et on l'enterra dans la ville de David, mais non dans les sépulcres des rois. **2Ch.21:20**
Méthodes: Discours, comparaisons, questions
But: Montrer les conséquences désastreuses d'un mariage mixte.

Introduction
Crétin ou méchant? Joram vient d'hériter de son père Josaphat, la couronne de Juda. Est-ce par préférence sur ses six frères? Non. Il était le fils-ainé. Voilà! Mais comment va-t-il gérer cette noble succession? 2Ch.21:1-3

I. Ses dispositions préliminaires.
1. Choisi comme roi à l'âge de 32 ans, il se maria à Athalie, la fille d'Achab, roi d'Israël. C'était surtout un mariage politique car il voulait par cette alliance réunir sous sa main les royaumes de Juda et d'Israël. 2Ch.21:6; 22:1-2
2. Avant sa mort, son père Josaphat avait partagé sa richesse entre ses sept fils. C'était comme vous le savez, une richesse fabuleuse encaissée après sa victoire sur trois nations réunies: les

Moabites, les Ammonites et les Maonites. 2Ch.20:1, 25
3. Voulant posséder et avoir et pouvoir, Il fit tuer tous ses frères et tous les principaux chefs d'Israël. Ainsi, des deux côtés, il ne comptera aucun rival. 2Ch.21:4
4. Il était sans nul doute poussé par sa femme, Athalie, la fille d'Achab, roi d'Israël. 2Ch.21:6 Cet Achab s'adonnait à l'idolâtrie et était réputé pour sa méchanceté. 1R. 21:5-10

II. Les conséquences de ces dispositions
1. Les rois vassaux d'Edom et de Libna se soulevèrent contre lui et il n'avait pu les réduire. 2Ch.21:8-10
2. Les philistins et les Arabes vinrent piller toutes ses richesses. Ils ont aussi fait prisonniers ses femmes et ses fils. 2Ch.21:16-17
3. Dieu le frappa d'une maladie d'entrailles rebelle à tout médicament. Il mourut dans de violentes souffrances. 2Ch.21:18-19
4. Après seulement huit ans de règne, il mourut sans être regretté. 2Ch.21:20
5. Il répugne au peuple de l'enterrer dans les sépulcres des rois. On l'enterra tout simplement dans la ville de David. 2Ch.21:20

III. Les causes de ce châtiment
1. Il s'était marié à une «manbo», une femme superstitieuse qui le portait à abandonner l'Eternel. 2Ch.21:6, 10
2. Il avait érigé des hauts lieux, «des badgis» ou temple du vodou, dans les montagnes de Juda. 2Ch.21:11

3. Comme la superstition marche de pair avec la prostitution, Il avait poussé les habitants de Jérusalem à la prostitution. 2Ch.21:11
4. Et comme le diable réclame toujours du sang, Il avait tué ses frères meilleurs que lui. 2Ch.21:13
5. Avec un cœur déjà endurci, Il ne s'était pas repenti quand il entendit le verdict que lui avait laissé le prophète Elie avant sa mort. 2Ch.21:12-15

Conclusion

Si vous avez de bonnes intentions pour servir Dieu et votre patrie, songez à avoir Dieu à votre droite et une femme équilibrée à votre gauche pour ne pas perdre la balance.

Questions

1. Qui était le père du roi Joram? Le roi Josaphat.

2. Pourquoi le roi l'avait-il choisi comme son successeur?
   Il était l'ainé. Il avait le droit d'ainesse

3. Comment s'appelait sa femme?
   Athalie, la fille du roi Achab

4. Pourquoi s'était-il marié à cette femme?
   Pour consolider les royaumes de Juda et d'Israël sous sa main.

5. D'où vient la richesse de son père?
   De la victoire sur les Ammonites, les Maonites et les Moabites.

6. Que fit Joram pour protéger son pouvoir et s'enrichir? Il tua tous ses six frères

7. Quelles étaient les conséquences de ses actes? Dieu l'a abandonné

8. Donnez-en des preuves
   a. Il fut vaincu par les rois d'Edom et de Libna
   b. Les Philistins et les Arabes pillèrent toutes ses richesses et firent prisonniers ses femmes et ses fils.
   c. Dieu le frappa d'une maladie d'entrailles incurable.
   d. Il mourut sans être regretté.

9. Quelles étaient les causes majeures de ces châtiments?
   a. Son mariage avec une femme superstitieuse
   b. Le culte du vodou qu'il a étendu sur tout le territoire national.
   c. La prostitution encouragée dans le pays.
   d. Le meurtre de ses six frères
   e. Son incrédulité devant le message du prophète Elie.

Leçon 7
Joas, roi de Juda

Textes pour la préparation: 2R. 11:17-22:21; 2Ch.22:1-12; 23:1-15; 24:1-25; Es.29:15
Versets à lire en classe: 2Ch.24:1-7
Verset de mémoire: Joas fit ce qui est droit aux yeux de l'Eternel pendant toute la vie du sacrificateur Jehojada. **2Ch.24: 2**
Méthodes: Discours, comparaisons, questions
But: Montrer que la mort doit attendre l'homme prédestiné à une mission spéciale.

Introduction
Un danger menace la maison de David! Pour venger la mort d'Achazia son fils, Athalie, la reine sanglante fit périr toute la race royale de la maison de Juda. Satan allait crier victoire quand Dieu réclame d'avoir le dernier mot. Comment la scène est-elle jouée?

I. Dieu a déjoué le plan d'Athalie.
1. Athalie est la fille d'Achab, roi d'Israël mariée à Joram, roi de Juda. 2Ch.21:6 Une alliance que Dieu permettait parce qu'il voulait punir Israël à cause des crimes d'Achab. 2Ch.22:7
2. C'est ainsi que Dieu utilisa le bras de Jéhu pour tuer Achazia, fils d'Athalie, un roi aussi méchant que sa mère. 2Ch.22:2-4, 8-9
3. Pour venger son fils, Athalie, reine en Israël, extermina toute la race royale de la maison de Juda. 2Ch.22:10
4. Cependant, un enfant du nom de Joas échappa au massacre grâce à la diligence de sa sœur, la

princesse Joschabeath, fille du roi Joram, et femme du sacrificateur Jehojada. Ils l'ont caché pendant six ans dans le presbytère du temple. 2Ch.22:11-12

II. Règne du roi Joas sous la régence du sacrificateur Jehojadad.
1. Quand l'enfant eut sept ans, Jehojada convoqua cinq capitaines de l'armée de Juda et il fit une alliance avec eux. 2Ch.23:1
2. Il convoqua tous les religieux de Juda et d'Israël ainsi que les chefs de famille dans un referendum à Jérusalem, la capitale. 2Ch.23:2
3. Il leur présenta le petit Joas, le rejeton de la famille de David, qu'ils doivent protéger et proclamer roi. 2Ch.23:3
4. Il arma tous les religieux pour garder le temple et le palais du roi. 2Ch.23:7
5. Il arma aussi tous les capitaines avec les armes tirées de la maison de Dieu. 2Ch.23:9
6. Il demanda au peuple d'établir un état de siège autour du temple. 2Ch.23:5-6
7. Il plaça des gardes de corps autour du roi. 2Ch.23:10
8. Il mit le diadème royal sur sa tête et lui remit le témoignage ou livre de la Loi. 2Ch.23:11
9. Jehojada et ses fils sacrificateurs, comme lui, oignirent le petit Joas et crièrent: «Vive le roi!» 2Ch.23:11

III. **La mort d'Athalie**
1. Le bruit parvint à Athalie. Elle sortit pour voir de ses yeux. Elle ne pouvait y croire. La manifestation de joie du peuple dépasse tout ce qu'on peut imaginer. 2Ch.23:13
2. Athalie s'approcha du temple et cria: «Conspiration! Conspiration!» 2Ch.23:13
3. Les capitaines lui créèrent une barricade pour l'empêcher d'avancer. 2Ch.23:14
4. Ils lui donnèrent la mort près du palais. 2Ch.23:15

IV. **Les réalisations du roi Joas.**
1. **Sous la régence.** 2Ch.24:2
   a. Il fit ce qui est droit aux yeux de Dieu. 2Ch.24:2
   b. Il fit nettoyer le temple qu'Athalie avait consacré aux dieux du vodou au point de profaner les objets consacrés à l'Eternel. 2Ch.24:7
   c. Il restaura le temple grâce aux offrandes généreuses du peuple. 2Ch.24:10,13-14

2. **Sous son gouvernement personnel.**
   a. Il accepta l'adoration de ses chefs. 2Ch.24:17
   b. Il abandonna l'Eternel au profit des idoles et des Astartés. 2Ch.24:18
   c. Il n'accepta pas l'exhortation de Zacharie, le fils de Jehojada son bienfaiteur, et le fit tuer. 2Ch.24:20-22

***3.* Sa fin**
- a. Dieu l'abandonna aux Syriens qui tuèrent tous ses chefs. 2Ch.24:23-24
- b. Il fut tué dans son lit de souffrances par ses serviteurs qui voulurent venger le sang de Zacharie et de ses frères. 2Ch.24:25

Conclusion

Malheur à ceux qui cachent leurs desseins pour les dérober à l'Eternel, qui font leurs œuvres dans les ténèbres et qui disent «Qui nous voit et qui nous connait.» Es.29:15

Questions

1. Qui étaient les parents du roi Achazia?
   Le feu roi Joram et la reine Athalie
2. Qui a tué le roi Achazia? Jéhu
3. Que fit Athalie pour venger la mort de son fils?
   Il extermina toute la race royale de la maison de Juda.
4. Qui a échappé à ce massacre? Le bébé Joas.
5. Qui l'a protégé?
   La princesse Joschebeath et son mari le sacrificateur Jehojadad

6. Que fit Jehojadad quand l'enfant eut sept ans?
   a. Il arma les capitaines de l'armée
   b. Il convoqua tous les religieux de Juda ainsi que les chefs de famille.
   c. Il leur présenta le petit Joas comme le rejeton de la famille du roi David.
   d. Il demanda au peuple d'assiéger le temple.
   e. Il mit le diadème sur la tête du petit Joas.
   f. Il lui remit une copie de la Loi.
   g. Avec eux tous réunis, il proclama Joas « roi de Juda».
7. Comment mourut Athalie?
   En voulant contester cette royauté
8. Quelles étaient les réalisations du roi Joas?
   a. Il sanctifia le temple de l'Eternel
   b. Il fit un marathon au niveau du peuple
   c. Il s'en était servi pour restaurer le temple.
9. Quelles étaient ses erreurs?
   a. Il accepta l'adoration du peuple
   b. Il abandonna l'Eternel pour adorer les idoles et les Astartés.
   c. Il fit tuer Zacharie, le fils de Jehojada, son bienfaiteur.
10. Comment mourut-il?
    Assassiné par ses serviteurs pour venger le meurtre de Zacharie, fils du sacrificateur Jehojada.

Leçon 8
Amatsia, roi de Juda

Textes pour la préparation: 2R.14:1-22; 2Ch.24:26; 25:1-28
Versets à lire en classe: 2Ch.25:5-13
Verset de mémoire: Si tu vas avec eux, quand même tu ferais au combat des actes de vaillance, Dieu te fera tomber devant l'ennemi, car Dieu a le pouvoir d'aider et de faire tomber. **2Ch.25:8**
Méthodes: Discours, comparaisons, questions
But: Vous rappeler que la rancune ne mène à rien de grand.

Introduction
Amatsia, successeur du roi Joas son père, devint roi à l'âge de 25 ans. Il quitta le pouvoir et sa peau après 29 ans de règne. Comment en faire le bilan?

I. Il vengea son père. 2Ch.25:2-4
   1. Il n'avait pas réagi à l'assassinat de son père. 2Ch.24:26
   2. Il connaissait les présumés coupables de cette lâcheté. 2Ch.24:26
   3. Il les garda comme ses serviteurs. Mais le jour où la royauté fut affermie entre ses mains, il les exécuta. 2Ch.25:3

II. Il vainquit les Edomites avec l'aide de Dieu seul. 2Ch.25: 5-13
   1. La bible ne donne pas la raison de cette guerre contre les fils d'Ésaü. Et pourtant, la raison était tellement sérieuse qu'Amatsia engagea des

mercenaires d'Israël pour cent talents d'argent. 2Ch.25:6
2. Dieu a revendiqué sa place comme «l'Eternel des armées». Par la bouche d'un homme de Dieu, il ordonna à Amatsia de renvoyer les troupes d'Israël parce que L'Eternel n'est pas avec Israël. 2Ch.25:7
3. Il voulut coûte que coûte maintenir son engagement avec eux parce qu'il les avait payés d'avance. Mais le prophète de l'Eternel le conseilla d'en faire abandon car Dieu peut lui donner mieux que cela. 2Ch.25:9
4. Ainsi avec Dieu et Dieu seul, Amatsia vainquit les Edomites en en tuant vingt mille. 2Ch.25:11-12
5. Quoique payés mais renvoyés, ces soldats d'Israël envahirent des villes de Juda, emportèrent un grand butin après avoir tué 3000 hommes. 2Ch.25:13

III. Sa fin
Il abandonna l'Eternel et périt sans lui. 2Ch.25:27-28
1. Il adopta les dieux des Edomites et leur offrit un culte. 2Ch.25:14
Depuis lors, c'est la chair qui agit.
2. Il développa son arrogance contre le prophète de l'Eternel. Il l'injuria et l'humilia. 2Ch.25:15-16
3. Il provoqua Joas, roi d'Israël en bataille. 2Ch.25:17-20
   a. Joas le tua. Son cadavre fut expédié à dos de cheval de Lakis à Jérusalem pour son inhumation. 2Ch.25:27-28

b. Enfin Joas envahit Jérusalem, pilla les trésors du roi et retourna à Samarie avec un bon nombre d'otages. 2Ch.25:24

Conclusion
Recommande ton sort à l'Eternel, mets en lui ta confiance, et il te vengera.

Questions

1. Qui était Amatsia?
   Fils du roi Joas
2. Comment vengea-t-il son père?
   Il exécuta tous les assassins de son père.
3. Comment eut-il la victoire sur les Edomites?
   En écoutant la voix du prophète, il renonça à l'alliance avec les israélites.
4. Que fit l'armée d'Israël pour avoir été renvoyée?
   a. Elle envahit des villes de Juda.
   b. Elle emporta une grande quantité de butin.
   c. Elle tua trois mille hommes.
5. Comment a eu lieu la fin de son règne?
   a. Il abandonna l'Eternel.
   b. Il adopta les dieux d'Edom et les adora.
   c. Il se montra insolent au prophète de l'Eternel.
   d. Joas, le roi d'Israël le tua dans une bataille.
   e. Il envahit Jérusalem, pilla les trésors du roi et repartit pour Samarie avec un bon nombre d'otages.

Leçon 9
Ozias, roi de Juda

Textes pour la préparation: 2R.15:1-7; 2Ch.26:1-23; Es.6:1
Versets à lire en classe: 2Ch.26:16-23
Verset de mémoire: Tu n'as pas le droit, Ozias, d'offrir des parfums à l'Eternel. Ce droit appartient aux sacrificateurs, fils d'Aaron, qui ont été consacrés pour les offrir. Sors du sanctuaire, car tu commets un péché! Et cela ne tournera pas à ton honneur devant l'Eternel Dieu. **2Ch.26:18b**
Méthodes: Discours, comparaisons, questions
But: Rappeler à tous la supériorité du pouvoir divin sur le pouvoir temporel.

Introduction
Est-il obligatoire d'hériter une couronne et d'être forcément l'héritier des erreurs de son prédécesseur? Répondons à cette question en suivant le profil politique du roi Ozias.

I. Ses merveilleuses réalisations
Arrivé au pouvoir à l'âge de 16 ans, le fils du roi Amatsia marquait les points suivants:
1. Victoire sur les philistins et domination sur leur territoire. 2Ch.26:6
2. Expansion territoriale jusqu'aux frontières de l'Egypte. 2Ch.26:8
3. Construction de plusieurs fortifications et des tours à Jérusalem et même dans le désert. 2Ch.26:9
4. Développement agricole dans les montagnes et au Mont Carmel. 2Ch.26:10

5. Formation d'une puissante armée de 307,500 soldats bien entrainés et bien équipés. 2Ch.26:13-14
6. Confection par un ingénieur des catapultes pour lancer des pierres et des flèches. 2Ch.26:15

II. Sa chute
C'était assez pour qu'il se croie si fort au point de revendiquer le droit sacerdotal. 2Ch.26:16
1. Il entra dans le temple de l'Eternel pour brûler des parfums.
2. Le sacrificateur Azaria entra après lui avec quatre-vingts sacrificateurs de l'Eternel qui le blâmèrent et le chassèrent du temple. 2Ch.26:17-18
3. Pris de colère, il voulut les frapper d'un encensoir qu'il tenait à la main. 2Ch.26:19
4. Dieu intervint à l'instant et le frappa d'une lèpre sur le front. 2Ch.26:19-20
5. Dès lors, il n'eut plus le droit d'aller ni à «l'Eglise», ni au palais national. Il devait rester en résidence surveillée par l'Eternel jusqu'à sa mort. 2Ch.26:21

Conclusion
La mer a des limites, les rois aussi. Dieu seul n'en a pas. C'est pourquoi, crains Dieu.

Questions

1. Quelles étaient les réalisations du roi Ozias?
   a. Il vainquit les philistins.
   b. Il agrandit son territoire jusqu'au frontières de l'Egypte.
   c. Il bâtit plusieurs forts dans le pays et des tours à Jérusalem.
   d. Il développa l'agriculture.
   e. Il organisa une puissante armée de 307,500 soldats.
   f. Il employa des ingénieurs à la fabrication des catapultes.

2. Comment eut lieu sa chute?
   a. Il était frappé de lèpre sur le visage
   b. Il n'eut plus le droit d'aller ni à l'Eglise, ni au palais royal.

3. Quelles en étaient les causes?
   a. Il s'appropria le droit sacerdotal. C'est ainsi qu'il entra dans le temple pour brûler des parfums
   b. Il rebella contre le sacrificateur Azaria qui le blâma.
   c. Il tenta de le frapper d'un encensoir.
   d. Dieu intervient immédiatement et le frappa d'une lèpre incurable.

Leçon 10
Achaz, roi de Juda

Textes pour la préparation: 2R.15:32-38; 2Ch.27: 1-9; 2R.16:1-20; 2Ch.28:1-27
Versets à lire en classe: 2Ch.28:8-15
Verset de mémoire: Ecoutez-moi donc, et renvoyez ces captifs que vous avez faits parmi vos frères; car la colère ardente de l'Eternel est sur vous.
2Ch.28: 11
Méthodes: Discours, comparaisons, questions
But: Montrer comment une guerre fratricide ne peut avoir ni vainqueur ni vaincu.

Introduction
Achaz, successeur de son père Ozias, devint roi à l'âge de vingt ans et régna seize ans à Jérusalem, la capitale du royaume de Juda. 2Ch.28:1 Il avait bien commencé comme ses prédécesseurs. Comment va-t-il gérer la royauté?

I. **Il a imité ses prédécesseurs en les dépassants.**
  1. Il fit des images en métal fondu pour les Baals. 2Ch.28:2
  2. Il passa ses fils par le feu, soit disant pour les immuniser contre les puissances maléfiques. (*Canzo en créole*) 2Ch.28:3
  3. Il organisa des cérémonies vodouesques partout dans le pays. 2Ch. 28:4
  4. Quand il voyait que l'Eternel l'abandonnait, il continuait à pécher contre l'Eternel au lieu de se repentir. 2Ch.28:22
  5. Il s'engagea plus profondément dans la superstition en cherchant du secours chez les

dieux syriens. Ce jour-là, il rassembla les ustensiles de la maison de Dieu, les brisa et bannit le culte dans la maison de l'Eternel. 2Ch.28:24
6. Il irrita l'Eternel en ouvrant des temples du vodou (badgis) à travers tout le pays. 2Ch.28:25

III. Conséquences inoubliables de son apostasie
1. **Perte colossale en vie humaine**
   a. Dans une bataille contre les Syriens, il perdit cent-vingt mille soldats.
   b. Dans une autre bataille contre Israël, 200,000 d'entre eux, hommes, femmes, enfants furent faits prisonniers. Son fils Maaseja, Azrikam, le gardien du palais et Elkana, le vice-roi furent tués. 2Ch.28:8

2. **Humiliation sans précédent.**
   a. Le prophète Oded prit la défense de Juda devant Israël en réclamant sans délai, le rapatriement des détenus, car ce serait une honte de faire de ses frères des captifs. 2Ch.28: 9-13
   b. Les soldats abandonnèrent les captifs et le butin devant les chefs et devant toute l'assemblée. 2Ch.28: 14
   c. Ils leur donnèrent du secours comme aurait fait un bon samaritain. 2ch.28: 15
   d. Et tout cela est arrivé à cause du péché d'Achaz, roi de Juda. 2Ch.28:1-4

e. A sa mort, il n'eut pas de funérailles royales. Il fut enterré à Jérusalem comme n'importe qui. 2Ch.28: 27

Conclusion

Ne faites pas la guerre à vos frères. N'allez pas au-devant d'une honte publique. Vous n'aurez jamais un nom en le faisant. Devenez grand en accordant le pardon sans condition.

Questions

1. Qui était le successeur du roi Ozias?
   Son fils Achaz

2. Que fit-il durant ses seize ans de règne?
   a. Il fit des images en métal fondu pour les Baals.
   b. Il passa ses fils par le feu soi-disant pour les immuniser contre les puissances maléfiques.
   c. Il organisa des cérémonies du vodou dans tout le pays.
   d. Quand Dieu l'abandonne, il fit le pire au lieu de se repentir.
   e. Il entra dans le temple de l'Eternel, brisa tous les ustensiles et ferma la porte du temple.

3. Quelles étaient les conséquences désastreuses de son apostasie?
    a. Il fut vaincu par les syriens qui lui tuèrent 120 mille soldats.
    b. Israël prit en otage 200, 000 soldats de Juda.
    c. Maaseja son fils, Azrikam, le gardien du palais et Elkana le vice-roi furent tués.

4. Comment sortit-il de cette humiliation?
Grace à l'intervention du prophète Oded,
    a. Israël remit les otages
    b. Il restitua les butins de guerre
    c. Il agit en frère à l'endroit des soldats vaincus du royaume de Juda

5. D'où viennent ces défaites?
Du péché du roi Achaz

Leçon 11
Ezéchias, roi de Juda

Textes pour la préparation: 2R.18:1-20:21, 2Ch.29:1-32:23; 30:14; 31:1-10; 32:1-22
Versets à lire en classe: 2Ch.29:1-11
Verset de mémoire: Maintenant, sanctifiez-vous, sanctifiez la maison de l'Eternel, le Dieu de vos pères, et mettez ce qui est impur hors du sanctuaire. **2Ch. 29:5**
Méthodes: Discours, comparaisons, questions
But: Montrer que les bons ou les mauvais exemples partent d'en haut.

Introduction
A l'âge de vingt-cinq ans, Ezéchias, fils du feu roi Achaz, devint roi de Juda. Voyons ses réalisations en neuf ans de règne.

I. Restauration du culte de l'Eternel à travers toute la Palestine. 2Ch.29:1-36
1. Il ouvrit les portes du temple que son feu père avait fermées. 2Ch.29:1
2. Il rétablit le culte en faisant appel aux lévites et aux sacrificateurs en leur demandant de sanctifier la maison de l'Eternel. 2Ch.29:5
3. Il offrit à Dieu des sacrifices pour lui et pour tout le royaume. 2Ch.29:21
4. Il rétablit la chorale. 2Ch.29:25-26
5. Et maintenant, il invite tout le peuple à présenter leurs offrandes d'adoration à l'Eternel. 2Ch.29:31

6. Peu de jours après, la Pâque fut célébrée dans toute l'étendue du territoire national. 2Ch.30:15
7. Le geste était grand et spontané. 2Ch.29:36

II. Destruction des idoles sur tout le territoire national
1. Le peuple fit disparaitre les autels sur lesquels on sacrifiait dans Jérusalem. Ils les jetèrent dans le torrent de Cédron. 2Ch.30:14
2. Il en fit autant à travers toutes les villes de Juda.
3. Ils brisèrent les statues, abattirent les idoles, renversèrent les hauts lieux et les autels dans tout Juda, Benjamin, Ephraïm et Manassé. 2Ch.31:1

III. Réformes administratives générales.
1. Il rétablit les lévites et les sacrificateurs dans leurs droits et privilèges. 2Ch.31:2
2. Le peuple prit à cœur de payer la dime pour répondre au salaire de ces ouvriers avec Dieu. 2Ch.31:5-8
3. Ceux-là en donnèrent confirmation au roi. Ils ont de quoi pour vivre et en déposer une partie à la «banque». 2Ch.31:10

IV. Préparé spirituellement pour faire face à toute confrontation. 2Ch.32:7
Dieu lui donna la victoire sur l'armée assyrienne parce qu'il se confiait en l'Eternel. 2Ch.32:20-22

Conclusion
Attendez-vous au pire de l'ennemi mais aussi à la victoire quand vous êtes en règle avec l'Eternel.

Questions

1. Qui était le successeur du roi Achaz?   Son   fils Ezéchias
2. Combien de temps dura son règne? Neuf ans
3. Quelles furent ses réalisations dans le temple?
   a. Il rappela les hommes de Dieu en les rétablissant dans leur sacerdoce.
   b. Il restaura le culte dans le temple.
   c. Il invita le peuple à venir adorer Dieu et à présenter leurs offrandes a l'Eternel
   d. Il rétablit la fête de Pâque en l'honneur de l'Eternel dans tout son royaume.
4. Quelles furent ses réalisations hors du temple?
   a. Il fit disparaitre tous les autels destinés aux faux dieux
   b. Le peuple brisait toutes les statues et les idoles.
   c. Il détruisit les temples du vodou dans le royaume de Juda et en Israël, particulièrement à Ephraïm et Manassé.
5. Quels étaient ses redressements en faveur du «clergé»?
   a. Il rétablit les sacrificateurs et les lévites dans leurs droits et privilèges.
   b. Il conscientisa le peuple sur leur devoir de payer la dime en vue du salaire de ces hommes de Dieu.
   c. Il veilla à la stricte observance de ce devoir en leur faveur.
6. Quelles furent les conséquences heureuses de ces dispositions? Dieu lui donna une victoire exceptionnelle sur l'armée syrienne.

Leçon 12
La fin du roi Ezéchias

Textes pour la préparation: 2Ch.32:1-33; Es.36:1-22; 37:1-38; 38:1-22; 39:1-8; Ep.6:13
Versets à lire en classe: 2Ch.32:1-8
Verset à réciter: Fortifiez-vous et ayez du courage! Ne craignez point et ne soyez point effrayés devant le roi d'Assyrie et devant toute la multitude qui est avec lui; car avec nous il y a plus qu'avec lui; avec lui est un bras de chair, et avec nous l'Eternel notre Dieu qui nous aidera et qui combattra pour nous. **2Ch.32:7-8**
Méthodes: Discours comparaisons, questions
But: Nous exhorter à la fidélité à l'Eternel

Introduction
Savez-vous que notre préparation spirituelle est aussi bien une préparation pour l'adversité, un défi contre Satan le Diable? Dieu n'a que faire de ce défi. L'adversaire peut être à l'extérieur comme à l'intérieur. Il va lever le défi.

I. Le défi de Sanchérib. 2Ch.32
1. Sanchérib, roi d'Assyrie s'est déjà emparé de toutes les villes fortifiées de Juda et il envoya auprès du roi Ezéchias le commandant de l'armée, son Rabschaké, pour lui demander de se rendre. Es.36:1
Ce chef d'armée se tenait sur l'aqueduc qui portait l'eau à Jérusalem en sorte qu'il peut dans un bref délai boucher toutes les ressources d'eau dans le camp de Juda. Es.36:2

2. Il commença par intimider les délégués du roi Ezéchias en vexant l'Eternel comme un dieu incapable. Es.36:20
3. Le roi Ezéchias fit appeler le prophète Esaïe pour faire monter une prière «pour les survivants» de ce désastre. Es.37:4
4. Senchérib vient compliquer la situation en envoyant une lettre vexatoire au roi Ezéchias. Celui-ci l'a prise et l'a déployée devant l'Eternel. Es.37:14-20
5. Jésus, l'Ange de l'Eternel tua d'un seul coup 185 mille soldats de Senchérib. Celui-ci prit la fuite et fut tué par ses propres enfants. Es.37:36-38

II. **Le défi de la vanité.** 2Ch.32:27-31; Es.38:1
Cet adversaire était en Ezéchias même. Au lieu de se faire soigner des émotions répétées provoquées par les défis de Senchérib et de Raschaké (titre du commandant de l'armée assyrienne) il commit plutôt deux erreurs:
1. D'abord, il oublie de remercier Dieu.
   Dieu lui envoie immédiatement un ordre d'arrestation par «LA MORT» Es.38:1
   A son repentir, Dieu lui donne une extension de quinze années. Es.38:3-5
2. Ensuite, il passe son temps à montrer aux visiteurs ses richesses.
   a. Dieu l'abandonna pour l'éprouver, afin de connaitre tout ce qui était dans son cœur. 2Ch.32:31; Es.39:1-2
   b. Dieu envoya auprès de lui le prophète Esaïe pour blâmer sa frivolité. Es.39:3-8

c. Il a vécu quinze ans trop tard pour donner naissance à Manassé, le plus méchant roi que Juda avait jamais connu.

Conclusion
Tenez ferme après avoir tout surmonté. Ep.6:13

Questions

1. Qui s'emparait des villes fortifiées de Juda? Senchérib
2. Qui demandait à Juda de se rendre? Rabschaké
3. Que veut dire Rabschaké?
   Chef de l'armée en Assyrie
4. Comment traite-t –il l'Eternel?
   Un dieu comme tous les dieux fabriqués ou imaginés.
5. En qui le roi Ezéchias avait-il recours? A l'Eternel
6. Comment Dieu a-t-il répondu?
   a. L'Ange de l'Eternel tua 180 mille soldats assyriens
   b. Senchérib prit la fuite et fut tué par ses enfants
7. Qu'est-ce que Dieu a reproché au roi Ezéchias?
   a. Sa lenteur à louer Dieu après sa délivrance
   b. Sa frivolité en montrant à l'ennemi ses richesses.
8. Qu'est-ce que Dieu lui donne à sa repentance?
   Une extension de quinze ans à vivre.

Récapitulation des versets

Leçon 1
Tu mettras sur toi le roi que choisira l'Eternel, ton Dieu, tu prendras un roi du milieu de tes frères, tu ne pourras pas te donner un étranger, qui ne soit pas ton frère. **De.17:15**

Leçon 2
La crainte de l'Eternel est le commencement de la sagesse; Les insensés méprisent la sagesse et l'instruction. **Pr.1:7**

Leçon 3
« Eternel, tu es notre Dieu: que ce ne soit pas l'homme qui l'emporte sur toi!» **2Ch.14:10c**

Leçon 4
Car l'Eternel étend ses regards sur toute la terre, pour soutenir ceux dont le cœur est tout entier à lui. Tu as agi en insensé dans cette affaire, car dès à présent tu auras des guerres. **2Ch.16:9**

Leçon 5
Maintenant, que la crainte de l'Eternel soit sur vous; veillez sur vos actes, car il n'y a chez l'Eternel, notre Dieu, ni iniquité, ni égards pour l'apparence des personnes, ni acceptation de présents. **2Ch.19:7**

Leçon 6
Il avait trente-deux ans lorsqu'il devint roi, et il régna huit ans à Jérusalem. Il s'en alla sans être regretté, et on l'enterra dans la ville de David, mais non dans les sépulcres des rois. **2Ch.21:20**

Leçon 7
Joas fit ce qui est droit aux yeux de l'Eternel pendant toute la vie du sacrificateur Jehojada. **2Ch.24:2**

Leçon 8
Si tu vas avec eux, quand même tu ferais au combat des actes de vaillance, Dieu te fera tomber devant l'ennemi, car Dieu a le pouvoir d'aider et de faire tomber. **2Ch.25:8**

Leçon 9
Tu n'as pas le droit, Ozias, d'offrir des parfums à l'Eternel. Ce droit appartient aux sacrificateurs, fils d'Aaron, qui ont été consacrés pour les offrir. Sors du sanctuaire, car tu commets un péché! Et cela ne tournera pas à ton honneur devant l'Eternel Dieu. **2Ch.26:18b**

Leçon 10
Ecoutez-moi donc, et renvoyez ces captifs que vous avez faits parmi vos frères; car la colère ardente de l'Eternel est sur vous. **2Ch.28:11**

Leçon 11
Maintenant, sanctifiez-vous, sanctifiez la maison de l'Eternel, le Dieu de vos pères, et mettez ce qui est impur hors du sanctuaire. **2Ch.29:5**

Leçon 12
Fortifiez-vous et ayez du courage! Ne craignez point et ne soyez point effrayés devant le roi d'Assyrie et devant toute la multitude qui est avec lui; car avec nous il y a plus qu'avec lui; avec lui est un bras de chair, et avec nous l'Eternel notre Dieu qui nous aidera et qui combattra pour nous. **2Ch.32:7-8**

Série 4

La Foi

Avant-propos

La foi, une vertu bien rare aujourd'hui dans notre monde scientifique! Celle dont les opérations rendaient Jésus si populaire, tend à disparaitre. Il vaut la peine d'en parler car, le juste doit vivre par la foi. Ha.2:4; Lu.18:8; Ro.1:17

Leçon 1
La foi, une vertu divine

Texte pour la préparation: Ex.20:18-21; Ha.2:4; Mt.5:18; 11:28-29; 17:20; Mc.16:16-18; Lu.16:16; 18:8; Jn.1:17; 3:2; 19:30; Ac.2:38-41; 3:6-16; 6:7; Ro.10:17; 12:3; Ep.2:8-10; Hé.4:2; 11:1-2
Versets à lire en classe: Ep.2:8-10
Verset de mémoire: Voici, son âme est enflée, elle n'est pas droite en lui; mais le juste vivra par la foi. **Ha.2:4**
Méthodes: Discours, comparaisons, questions
But: Présenter la foi comme un pouvoir d'achat pour tout obtenir de Dieu.

Introduction
Si le ciel n'avait pas un fil de connexion avec la terre, où serait l'homme? A quoi serait-il accroché quand tout fait le vide au-dessus de lui ou quand tout menace de l'anéantir? Comment aurait-il pu interpréter la relation entre un Dieu infini et lui, l'homme fini? Heureusement, Dieu a mis en lui un dispositif exceptionnel de communication: La foi

I. Définition
Qu'est-ce que la foi?
1. C'est une ferme assurance des choses qu'on espère et une démonstration de celle qu'on ne voit pas. Hé.11:1.
2. C'est la monnaie céleste mise à notre disposition pour toutes les «transactions» possibles avec Dieu. Ep.2:8
3. C'est un chèque de garantie de Dieu.

4. C'est notre carte de crédit obtenue à la Banque de Dieu. Avec elle, on peut obtenir de lui toutes sortes de grâces selon la mesure de foi, nous voulons dire selon **La Ligne de Crédit**[1] qu'il a départie à chacun de nous. Ro.12:3
5. C'est un pouvoir exceptionnel
   a. Pour guérir au nom de Jésus. Ac.3:16
   b. Pour déplacer même les montagnes de l'impossible. Mt.17:20
   c. Elle est obligatoire pour le salut. Hé.4:2

II. Origine
1. La foi vient du ciel. C'est un don de Dieu. Ep.2:8
2. Elle nous est communiquée quand nous entendons la Parole de Dieu. Ro.10:17.
3. Elle nous permet de nous approcher de Dieu sans peur en vue de notre salut par grâce. Ep.2:8
   Voilà pourquoi trois mille juifs ont abandonné la Loi de Moise et le Sabbat pour embrasser la foi en Jésus-Christ. Ac.2:41
   Et même des sacrificateurs en très grand nombre ont abandonné la loi de Moise et le sabbat pour accepter le salut par la foi. Ac.6:7
   a. Ils ont bien compris que la Loi a été donnée par Moise, que les prophètes ont

---

[1] Ligne de Crédit: c'est le maximum de crédit que le banquier accorde à un client ou emprunteur suivant un certain taux d'intérêt.

subsisté jusqu'à Jean et que le royaume de Dieu est annoncé par Jésus-Christ. Jn.1:17; Lu.16:16
- b. Ils ont aussi compris que Jésus-Christ était venu pour accomplir les prophéties de l'Ancien Testament. Mt.5:18.
- c. En effet, sur la croix, il a déclaré: «Tout est accompli». Jn.19:30
- d. Ils ont attesté que grâce à cette foi, on peut avoir l'autorité du Saint Esprit. Ac.2:38
  1) Pour chasser les démons. Mc.16:17
  2) Pour guérir les malades. Ac.3:6-8
  3) Pour parler de nouvelles langues. Mc.16:17
  4) Pour neutraliser les effets des poisons. Mc.16:17

Voilà ce qui étonnait Nicodème. Tant qu'on observe la Loi et le sabbat, on ne peut recevoir l'autorité du Saint-Esprit pour faire des miracles. Jn.3:2; Ac.2:38

Conclusion

Puisque la foi vient d'en haut, sachez que vous n'en avez pas le monopole. Regardez à Dieu chaque jour pour la conserver.

Questions

1. Définissez la foi?
   - a. Une ferme assurance en Jésus-Christ en sa parole.
   - b. Une démonstration de ce qu'on ne voit pas.
   - c. Un chèque de garantie
   - d. Une carte de crédit de Dieu entre nos mains.

2. D'où vient la foi?
   De l'écoute de la Parole de Dieu

3. Qui a donné la Loi? Moise

4. Quelle est la limite de la loi?
   Elle a subsisté jusqu'à Jean

5. Quelle différence faite vous entre la Loi et la grâce?
   a. La Loi nous effraie, elle nous rend peur de Dieu.
   b. La grâce nous permet de nous approcher de Dieu sans peur.

6. Qui était touché par le message de la foi?
   a. Trois mille juifs à la Pentecôte
   b. Des sacrificateurs en très grand nombre.
   c. Des millions après eux

7. Quel est le pouvoir de la foi
   a. On peut être sauvé par la foi
   b. Guérir les malades par la foi
   c. Chasser les démons par la foi
   d. Neutraliser les effets des poisons par la foi
   e. Faire des miracles et des prodiges par la foi

Leçon 2
Comment gérer la foi

Textes pour la préparation: 1Ch.29:14; Ps.51:13; 115:16; Mt.6:17-18; Mc.5:34; Lu.5:20; Jn.9:7; 10:26-27; 14:6; Ac.10:43; 13:46-48; Ro.1:17; 5:2; 8:36; 1Co.12:9; Ep.2:8-10; 1Ti.1:18-19; He.12:2;4:2; Jud.3
Versets à lire en classe: Ep.2:1-10
Verset de mémoire: Car c'est par la grâce que vous êtes sauvés, par le moyen de la foi. Et cela ne vient pas de vous, c'est le don de Dieu. **Ep.2:8**
Méthodes: Discours, comparaisons, questions
But: Montrer notre responsabilité à l'égard de ce don

Introduction
Quand vous recevez un don, il vous appartient de le gérer. Que faites-vous de la foi que Dieu vous donne?

I. Il faut considérer l'intention du donateur
1. Dieu veut établir un contrat entre lui et l'homme pour de meilleur rapport entre le ciel et la terre.
2. Il veut rechercher et conserver l'amitié avec l'homme. C'est pourquoi il transmet la foi aux saints une fois pour toutes. Jud.1:3
   Ainsi, tout au départ, il pardonne les péchés à tous ceux-là qui s'approchent de lui et il les sauve gratuitement.Ac.10:43
   a. Il guérit le paralytique et lui pardonne ses péchés». Lu.5:20
   b. Il guérit la fille atteinte de perte de sang et lui dit : «Ta foi t'a sauvée.» Mc.5:34
   c. Cependant, il tient à notre participation. Par exemple, La guérison de l'aveugle-né était

complète seulement quand il a accepté d'aller se laver à la piscine de Siloé. Jn.9:7
   d. Retenez ceci: Il vous faut **toujours** utiliser cette foi comme une **carte de crédit** pour que Dieu augmente votre **ligne de crédit**.

II. Le maintien de sa clientèle.
1. La foi est un privilège et non un droit.
   a. Elle ne peut être un droit car Dieu ne doit rien à personne. Tout vient de lui. 1Ch.29 :14
   b. En tant que privilège, le croyant doit toujours l'utiliser. Ainsi il doit témoigner pour avouer que les réponses à ses prières viennent de la miséricorde de Dieu et non de ses belles phrases ou de ses jeûnes multipliés. Mt.6:17-18
   c. Si l'Etat peut révoquer votre licence ou votre carte de citoyenneté, Dieu au contraire, vous donne la foi une fois pour toutes comme il est dit plus haut. Jud.3
   Vous devez la gérer et vivre par elle. Ro.1:17
2. Jésus en est l'auteur: Hé.12:2
   a. Il nous donne accès à Dieu. Ro.5:2 Nul ne vient au Père que par lui. Jn.14:6
   b. Cette foi nous est nécessaire pour tirer profit de la Bonne Nouvelle. He.4:2

III. Il veut son maintien par la présence du Saint Esprit.
1. C'est un don du Saint Esprit. Il s'en sert comme d'un véhicule pour transporter nos prières. Ro.8:36; 1Co.12:9 Vous en avez besoin
   a. pour exercer un ministère spirituel.

b. pour mener les combats spirituels 1Ti.1:18-19
2. Si l'Esprit Saint vous abandonne, vous perdez le bénéfice de cette foi. David en avait tellement peur qu'il dit à Dieu de ne pas le lui enlever. Autrement, il aura défaite sur défaite. Ps.51:13

Objections:
1. Ceux qui n'ont pas Christ n'ont pas la foi. Jn.10:26-27.
2. Ceux qui sont destinés à la vie éternelle auront cette foi. Ac.13:46-48
3. C'est cette foi que Paul avait voulu garder jusqu'au bout. 2Ti.4:7

Conclusion
La foi est moins pesante que la croix. Gardons là jusqu'à la fin de notre course ici-bas.

Questions

1. Que devons-nous chercher à connaitre en recevant la foi?
   Nous devons chercher à connaitre la volonté de Dieu, le donateur

2. Quelle est cette volonté?
   a. Le maintien de sa clientèle parmi nous
   b. Le maintien du rôle du Saint Esprit en nous

3. Comment établit-il sa relation avec nous?
   Il nous donne la foi une fois pour toutes

4. Comment recherche-t-il l'amitié de l'homme?
   Il fait des approches en lui disant en partant: «Tes péchés te sont pardonnés

5. Peut-on faire ce qu'on veut de la foi? Non

6. Pourquoi?
   Parce que la foi est un privilège et non un droit

7. Comment doit-on l'utiliser?
   Comme une carte de crédit que Dieu met à notre disposition.

8. Comment maintenir la foi?
   a. Par la présence du Saint Esprit en nous
   b. Par la prière pour nos besoins
   c. Par une vie de prière pour maintenir dans nos combats spirituels.

9. Qui a la foi?
   a. Les enfants de Dieu
   b. Ceux qui sont destinés à la vie éternelle.

Leçon 3
Comment gérer la foi (suite)

Textes pour la préparation: Lé.19:31; 1R.19:1-4; Ps.122:1; Lu.5:20-24; 16:19-22; 17:3-5; 18:9-14; Jn.6:15; 1Ti.6:10; Hé.10:25, 39; 11:6
Verset à lire en classe: Hé.10:35-39
Verset de mémoire: Nous, nous ne sommes pas de ceux qui se retirent pour se perdre, mais de ceux qui ont la foi pour sauver leur âme. **Hé.10:39**
Méthodes: Discours, comparaisons, questions
But: Montrer la délicatesse à observer pour garder la foi

Introduction
Si on prend la foi comme une carte de crédit, on peut l'augmenter, en faire des retraits et la rejeter à volonté.

I. Comment l'augmenter
1. **Par la prière.**
   Quand on prie, on s'approche de Dieu. Dieu promet de récompenser ceux qui le cherchent. C'est une façon de dire qu'il répond à nos prières. Hé.11:6
2. **Par le témoignage en public.**
   Dès que nous témoignons de ses bienfaits, il est encouragé à augmenter notre «ligne de crédit spirituel.» L'effort exceptionnel du paralytique pour voir Jésus est un acte de foi mais aussi un témoignage rendu à la capacité de Jésus pour guérir un quadriplégique[2]. Ainsi Jésus lui donne deux choses:

---
[2] Quadriplégique: atteint de paralysie des quatre membres

a. La guérison physique. Lu.5:24
b. Le pardon de ses péchés. Lu.5:20

II. Comment en faire des retraits
1. Quand on en use devant une épreuve.
Elie avait épuisé toute sa foi au Mont Carmel. Lui qui la veille, avait bravé 850 bocors d'Achab et de Jézabel, le voilà aujourd'hui en fuite devant la menace d'une femme! Son crédit, c'est-à-dire sa foi était compromise! 1R.19:1-4
Il aurait dû faire comme Jésus qui va se recharger dans la puissance de Dieu après avoir opéré des miracles. Jn.6:15
2. Quand il faut débourser un pardon pour une grave offense ou pour des offenses répétées. Lu.17:3-5
Il était difficile aux disciples d'accepter de pardonner à des offenseurs de mauvaise foi. La personne vous fait du tort et il veut faire comprendre à tout le monde que c'est elle qui a raison. «Augmentez-nous la foi Seigneur, clament les disciples». Lu.17:5

III. Comment la perdre
1. **Par l'amour du monde et de l'argent.** 1Ti.6:10
On peut croire que la richesse est une récompense à la vertu. Ainsi on se croira supérieur et sans rival. Le pharisien dira: «Je ne suis pas comme le reste des hommes.» Lu.18:9-14
L'homme riche aura méprisé le pauvre Lazare. Quant à lui, il se croit le plus fortuné des

hommes. Rien ne dit qu'il était converti avant sa mort. Lu.16:19-22
2. **Par le contact avec les faux dieux.**
Ceux qui évoquent les esprits sont en abomination à l'Eternel. Ils le font parce qu'ils doutent de Dieu. Lé.19:31 Tout contact avec ces gens peut «infecter» votre foi. Ils vont vous séduire en vous faisant croire à la chance, à la magie.
3. **Par l'abandon de son assemblée.** Hé.10:25, 39
   a. En témoignant David dit: «Je suis dans la joie quand on me dit: Allons à la maison de l'Eternel.» Ps.122:1
   b. L'abandon de son assemblée est un signe de manque de foi. He.10:25
   c. Satan en profite pour vous détacher d'une Eglise et de Dieu aussi. Il vous fait fuir les exhortations et votre devoir de contribuer. Vous serez un fidèle protestant mais jamais un chrétien ou disciple de Jésus-Christ.

Conclusion

Tiens ferme ce que tu as afin que personne ne prenne ta couronne.

Questions

1. Comment peut-on augmenter la foi ?
   a. Par une vie de prière
   b. Par le témoignage public

2. Quelle est le secret de la prière ?
   a. On s'approche de Dieu
   b. Dieu récompense ceux qui le visitent
3. Quand en fait-on un tirage ?
   a. Quand on fait agir sa foi devant une épreuve
   b. Quand il faut débourser un pardon pour une grave offense

4. Comment peut-on perdre la foi ?
   a. Par l'amour du monde et de l'argent
   b. Par le contact avec les faux dieux
   c. Par l'abandon de son assemblée

5. Quelle est l'œuvre de Satan pour détruire votre foi ?
   Il vous détache de votre Eglise-mère
   a. pour fuir les exhortations
   b. Pour ne pas contribuer
   c. Pour vous détacher de Dieu
   d. Pour faire de vous un protestant et non un chrétien

Leçon 4
La foi vertu et la foi subie

Textes pour la préparation: Ps.15:1-2; Mt.18:20; Ep.2:8; 1Co.11:25; 1Ti.1:19; Hé.10:25
Versets à lire en classe: Ps.15:1-5
Verset de mémoire: O Eternel, qui séjournera dans ta tente? Qui demeurera sur ta montagne sainte? Celui qui marche dans l'intégrité, qui pratique la justice et qui dit la vérité selon son cœur. **Ps.15:1-2**
Méthodes: Discours, comparaisons, questions
But: Etablir une distinction entre la foi en Dieu et la foi dans les principes et les traditions.

Introduction
L'une des erreurs souvent commises est celle de confondre la foi vertu et la foi subie. Essayons d'en établir la différence.

I. La foi vertu
1. Elle vient de Dieu. C'est la propriété exclusive de Dieu. Il la met à notre disposition. Elle ne vient pas de nous, dit Paul. C'est un don de Dieu. Ep.2:8
2. L'homme peut de lui-même avoir la croyance et la confiance mais pas cette vertu dite théologale.

II. La foi subie
1. **Elle s'acquière par l'obéissance du croyant au leadership de son pasteur**
    1. Il croit fermement à la bénédiction prononcée par son pasteur.
    2. Il attend et chérit sa visite chez lui ou à l'hôpital comme le représentant de Dieu.

3. La prière de son pasteur est comme un trésor tombé du ciel.
4. Dans tous les cas d'urgence, il tient généralement à avoir la présence de son pasteur.
5. Il retiendra pour toute sa vie qu'il a été baptisé ou marié par son pasteur.
6. Certains même ont décidé par testament ou dernière volonté que leurs funérailles soient chantées par leur pasteur, ignorant que celui-ci peut mourir avant eux.

II. Elle s'acquière par l'obéissance aux principes établis par l'Eglise.

1. Le membre est traditionnel dans l'horaire de son Eglise, dans le dimanche établi pour la cène, dans le jour mis à part pour la réunion de prière et pour l'Etude Biblique.
2. Il croit au calendrier religieux pour les fêtes de Pâques, la fête des mères, la Noel et la longue-veillée.
3. Il retient la date de moisson et y tient pour contribuer. Il se sent dérangé si ces dates sont reportées et s'il n'entend pas un message approprié à ces dates respectives.
4. Généralement, il ne se sent à l'aise pour adorer que dans son Eglise-mère et il doit surtout s'asseoir à son siège habituel.

III. Elle s'acquière dans l'obéissance aux traditions

1. Dans l'adoration, il a un terme favori pour louer Dieu: ceux qui savent dire «Amen» ont du

fil à retordre pour dire «Alléluia» ou «Béni soit l'Eternel» et vice-versa.
2. Certaines Eglises acceptent les femmes comme Dames missionnaires mais pas comme prédicatrices ou pastoresses en fonction.
3. Cette tradition devient même chronique si on regarde aux tendances catholicisantes dans les églises protestantes:
   a. La pratique de parrain et de marraine pour la présentation des enfants au temple.
   b. La danse des mariés à la salle de réception.
   c. L'évocation des habitudes du défunt au cours de la veillée funèbre.
   d. L'enterrement plutôt que l'incinération. Tout cela pour se conformer aux croyances ancestrales ou par snobisme.[3]

IV. **Ce qu'il nous faut retenir**
1. La foi subie ne mène pas au ciel. Elle introduit des débats inutiles sans fondement biblique. Elle vient des hommes et s'applique à leurs convenances sociales ou religieuses.
2. La foi vertu est la seule qui sauve et ne souffre d'aucune discussion. C'est Dieu qui décide. Il veut qu'elle soit gardée avec une bonne conscience. 1Ti.1:19
3. Jésus n'avait pas prescrit le premier dimanche pour la sainte Cène, il avait dit «toutes les fois que vous en boirez»…1Co.11:25

---

[3] Snobisme nm. Admiration pour tout ce qui est en vogue

4. Les services funèbres sont un devoir social et n'ont rien à voir avec le salut du défunt. Qu'ils soient dirigés en grandes pompes par pasteur X ou Y, qu'un service mémorial soit organisé, que le corps soit embaumé, momifié ou incinéré, qu'importe? Ces préférences ne garantissent pas une place au ciel à personne.
5. Le lieu qui importe pour Christ, c'est quand deux ou trois sont unis en son nom. Mais que personne n'abandonne son Assemblée car il peut perdre la foi. Mt.18:20; Hé.10:25

Conclusion
Ne soyez pas esclaves d'une foi subie au risque de devenir superstitieux.

Questions

1. Quelle est la différence entre la foi vertu et la foi subie?
   La foi vertu vient de Dieu. La foi subie vient de l'obéissance du croyant à son leader, aux principes de l'Eglise ou aux traditions.
2. Comment s'exprime la foi subie du croyant à son leader ?
   a. Il croit en la visite, la prière et la bénédiction du pasteur comme les seules qui soient efficaces.
   b. Il croit que son baptême, son mariage et ses funérailles doivent être célébrés par son pasteur seul.

3. Comment s'exprime cette foi dans l'obéissance aux principes de l'Eglise.
　　Il est très attaché
　　a. À l'horaire des services de son Eglise,
　　b. Au calendrier religieux pour les différentes fêtes
　　c. Au siège où il a l'habitude de s'asseoir dans l'Eglise
4. Comment s'exprime cette foi dans l'obéissance aux traditions?
　　a. Dans les termes pour louer Dieu
　　b. Certains acceptent les femmes comme dames missionnaires et non comme prédicatrices ou pastoresses.
5. Quelles sont les tendances catholicisantes dans les églises protestantes
　　a. La pratique de parrain et de marraine pour la présentation d'enfant au temple
　　b. La danse à la réception après le mariage.
　　c. L'enterrement plutôt que la crémation du cadavre.
6. Quelle est l'importance de la foi subie ?
　　a. Elle ne mène pas au ciel
　　b. Elle introduit des débats inutiles
　　c. Elle vient des hommes et ne s'applique qu'à leurs convenances sociales ou religieuses.
7. Qu'est ce qui importe pour Christ ?
　　a. Quand deux ou trois sont assemblés en son nom
　　b. Que personne n'abandonne son assemblée pour ne pas perdre la foi.

Leçon 5
La foi et ses incidences

Textes pour la préparation: Ps.15:1-5; Mt.5:37; Ep.6:10-18; 1Th.5:8; Ja.5:12; Ap.22:15
Versets à lire en classe: Ep.6:10-17
Verset de mémoire: Prenez par-dessus tout cela le bouclier de la foi, avec lequel vous pourrez éteindre tous les traits enflammés du malin. **Ep.6:16**
Méthodes: Discours, comparaisons, questions
But: Présenter la foi comme l'armure[4] de défense indispensable dans la bataille de la vie chrétienne.

Introduction
Dieu a intérêt à protéger son investissement en nous. Voilà pourquoi il met devant nous un écran de protection que nous appelons LA FOI. Voyons son rôle à la lumière de certaines comparaisons.

I. **C'est une muraille de défense pour protéger nos sens contre la puissance du malin**
   1. **Sous le casque du salut nous devons protéger:**
      a. La vue ou la faculté de voir
      b. L'ouïe ou la faculté d'entendre
      c. L'odorat ou la faculté de sentir
      d. Le goût ou la faculté d'apprécier
      e. Le toucher ou la faculté de ressentir
         C'est pour les préserver du malin qui cherchera à les utiliser pour nous conduire en enfer. Heureusement elles sont toutes

---

[4] Armure nf. Ensemble des pièces protectrices qui recouvraient le corps du soldat au Moyen Age.

protégées par le BOUCLIER DE LA FOI. Avec ce bouclier nous pouvons éteindre tous les traits enflammés du malin. Ep.6:16

2. **Sous la cuirasse de la justice. 1Th.5:8**
   a. Le chrétien vit de droiture, d'intégrité. Il ne fait point d'abus au prochain. Ps.15:3
   b. Il respecte la parole d'honneur. Ps.15:5
   c. Il n'exige point d'intérêt de son argent.
   d. «Il ne vend pas le procès de l'innocent». Ps.15:5
   Et tout cela, parce que le bouclier de la foi le garde de pratiquer l'injustice.

3. **Fortifié par la ceinture de vérité.**
   a. Le oui du chrétien tient lieu de serment. Il dira la vérité quoiqu'il advienne. Mt.5:37; Ja.5:12
   b. Sa parole tient lieu de signature.
   c. Il est cru jusqu'à preuve du contraire.[5]
   d. Satan ne se tient pas dans la vérité. C'est le père du mensonge. Tous les menteurs doivent le réclamer comme leur père. Ils iront certainement avec lui en enfer. Ap.22:15

4. **Equipé de la chaussure de zèle.**
   Il est toujours zélé pour aller à l'Eglise et pour servir Dieu partout.
   a. Quand votre foi faiblit, vous perdez automatiquement le zèle pour prier, pour venir à l'heure à l'Eglise, pour contribuer,

---

[5] Jusqu'à preuve du contraire. Dr. jusqu'à ce qu'on peut prouver le contraire.

pour louer et adorer Dieu et surtout pour aller en mission.
b. La persévérance du chrétien est garantie par le bouclier de la foi. Le jour où vous le perdez, votre zèle s'en va.
5. **Armé de l'épée de l'Esprit**
La Parole de Dieu est l'épée de l'Esprit. Elle sert d'arme d'attaque et défense. Protégée par le bouclier de la foi, cette arme nous garde. Celui qui ne lit pas sa Bible, met de côté l'Épée de l'Esprit et par conséquent, est hors du combat. Ep.6:17

Conclusion
Gardez la foi jusqu'au bout. Rappelez-vous qu'après la bataille, c'est la couronne!

Questions

1. Quels sont les noms donnés à la foi dans cette leçon?
   Bouclier, muraille de défense
2. Quel est le rôle du bouclier de la foi?
   Protéger notre vie spirituelle de tout ce qui peut nous faire pécher par la vue, l'ouïe, l'odorat, le gout et le toucher.
3. Pourquoi?
   Parce que le malin cherche à les utiliser pour nous conduire en enfer.

4. Comment vit le chrétien sous la cuirasse de la justice?
   a. Il vit dans la droiture
   b. Il respecte sa parole d'honneur
   c. Il n'exige pas d'intérêt de son argent.
   d. Il ne vend pas le procès de l'innocent.
5. Comment vit le chrétien avec la ceinture de vérité?
   Il dit la vérité quoiqu'il advienne.
6. Comment porte-t-il la chaussure du zèle?
   Il va à l'Eglise avec joie. Il prie, il chante, il contribue avec joie.
7. Qu'est ce qui garantit la persévérance du chrétien?
   Le bouclier de la foi?
8. Comment maintenir la foi?
   a. Par l'épée de l'Esprit qui est la Parole de Dieu
   b. Par une vie constante de prière.
9. Qu'arrive-t-il à quelqu'un qui ne lit pas la bible?
   Il perdra la foi en Dieu
10. Quelle est l'arme qu'il nous faut porter jusqu'au bout? La foi.

Leçon 6
La foi et le doute

Textes pour la préparation: Lé.19:31; Job.12:10; 38:3-4; Ps.4:2; 115:15; 121:4; Mt.2:17; 5:18; 12:17; Lu.4:18-21; Jn.16:24; 20:24-29; 19:30; Ro.1: 12, 20; Ja.1:1-12

Versets à lire en classe: Ja.1:2-8

Verset de mémoire: Car celui qui doute est semblable au flot de la mer, agité par le vent et poussé de coté et d'autre. Qu'un tel homme ne s'imagine pas qu'il recevra quelque chose du Seigneur. **Ja.1:6b-7**

Méthodes: Discours, comparaisons, questions

But: Combattre le doute chez les croyants

Introduction

Le doute est un soufflet qu'on donne à Dieu. Si vous croyez qu'il le prend à la légère, essayez de croire en vous-même ou en quelqu'un d'autre sous prétexte que Dieu ne peut pas ou ne veut pas prendre votre cas en considération. Nous vous parlons ainsi pour les raisons suivantes :

I. Dieu est un Dieu de preuves

1. **Il accomplit toujours sa promesse.** Dans le Nouveau Testament, il est dit plusieurs fois «Afin que l'Ecriture fût accomplie». Mt.2:17; 5:18; 12:17; Lu.4:18-21. A la fin Jésus s'écria: Tout est accompli. Jn.19:30
   En guise d'exemples:
2. **Il n'oublie jamais.** Nous sommes toujours devant ses yeux. Ce qu'il nous promet reste vrai pour jamais. M.J.

3. **Il ne faiblit jamais.** Nos problèmes sont trop minimes pour l'accabler. Ps.121:4
4. **Il est un Dieu parfait.** Ses perfections invisibles, sa puissance éternelle se voient comme à l'œil nu quand nous les considérons dans ses ouvrages. Ro.1:20
Nul ne peut reproduire ses œuvres à partir de lui-même. Tout vient de lui. Il n'y a pas de vice-Dieu ni de co-Dieu. Il existe par lui-même et ne prend conseil de personne. Sa décision est finale. Job 38:3-4; Ro.1:20
5. **Il est incomparable.** Il ne peut être comparé à aucun autre dieu manufacturé, préfabriqué ou imaginé. L'Eternel a fait les cieux. Ps.115:15

II. **Il est un Père capable et responsable.**
1. **Il est clément.** Il se dispose à tout pardonner. Quand Dieu vous pardonne, vous devez vous pardonner vous-même. Il vous faut la foi pour vous croire pardonné.
2. **Il est généreux.** Il se dispose à tout donner. A vous de tout demander pour tout recevoir. Jn.16:24
Il contrôle et soutient le souffle de sept billions d'hommes sur la planète. Il en est le superviseur général. Job.12:10; Ps.33:13
3. **Il est accessible.** S'il ne répond pas à une demande, vous êtes à l'aise pour lui demander le pourquoi. Ce n'est pas un Dieu muet. En vérité, il va vous le dire. Ps.4:2
4. **Il est un Dieu jaloux.** Si vous vous tournez vers un autre dieu, là, il va se mettre en colère. Le.19:31

5. **Il est insulté par votre doute.** Cœur qui doute n'obtient rien. Ja.1:5-8

III. La foi est contagieuse. Ro.1:12

1. Dieu entend que vous témoigniez publiquement de ses hauts faits pour qu'il soit reconnu comme vrai. Ainsi d'autres viendront l'essayer. Voyez comment David a fait une publicité pour lui dans le Psaume 34 «Sentez et voyez combien l'Eternel est bon.» Naturellement, vous ne pourrez sentir la bonne odeur de Christ si vous ne l'approchez.
2. Ce qui est curieux, plus vous témoignez de ses bienfaits, plus vous le louez, plus il augmente votre ligne de crédit spirituelle (la foi). Vous connaitrez successivement épreuves, délivrances, bénédictions, victoires et le jeu recommence. Ja.1:1-4, 12
3. Gardez-vous de douter! En ce cas, vous connaitrez des ennuis et des situations sans issue[6]. Le seul doute que Dieu accepte c'est le doute de Thomas. Il voulut avoir des preuves avant de croire. Mais pour vous, vous en avez trop. Ne doutez plus. Jn.20:24-29

Conclusion

Compte les bienfaits de Dieu, mets les tous devant tes yeux. Tu verras en adorant et en témoignant combien le nombre en est grand.

---

[6] Issue nm. Ouverture ou passage par où l'on peut sortir, s'échapper.

Questions

1. Qu'est-ce que le doute?
   C'est une gifle à la face de Dieu
2. Pourquoi?
   Parce que Dieu est un Dieu de preuves et un Dieu responsable
3. Pourquoi dit-on-nous que Dieu est un Dieu de preuves?
   a. Il accomplit toujours ses promesses.
   b. Il n'oublie jamais.
   c. Il ne faiblit jamais
   d. Il est un Dieu parfait.
   e. Il est incomparable.
4. Pourquoi dit-on qu'il est un Dieu capable et responsable?
   a. Il est généreux. Il se dispose à tout donner.
   b. Il est jaloux.
   c. Il est insulté par notre doute.
5. Pourquoi dit-on que la foi est contagieuse?
   Parce que notre témoignage en public communique la foi aux autres et rend Dieu plus populaire.
6. Quel est le profit de celui qui témoigne pour Dieu?
   Dieu le bénit et augmente sa foi.

Leçon 7
La foi et la raison

Textes pour la préparation: Ex.12:40; 14:21-30; 16:5, 22, 29; De.29:5; Job.38:1-18; 39:34-38; Mt.11:11; Jn.3:30; 9:1-7; Ac.8:13,17-24; 16:21-31
Versets à lire en classe: Job.38:1-13
Verset de mémoire: Job répondit a l'Eternel et dit: «Voici, je suis trop peu de chose; que te répliquerai-je? Je mets la main sur ma bouche.» **Job.39:36-37**
Méthodes: Discours, comparaisons, questions
But: Montrer le contraste entre la foi et la raison

Introduction
Voilà une pente dangereuse: croire que la raison élimine la foi. Il nous faut aujourd'hui faire le point entre ces deux concepts. La foi et la raison

I. **Le concept de la raison:**
   1. Croire en ce qu'on peut prouver.
   2. Croire en ce qu'on a déjà expérimenté.
   3. Ignorer le surnaturel
      Dans ces trois domaines, Dieu peut vous confondre comme Job. Job.38:34-38

II. **Le concept de la foi**
   1. **Croire en ce qui défie l'imagination.**
      a. **Des habits inépuisables.** Comment comprendre que les enfants d'Israël portaient leurs habits pendant quarante ans sans qu'ils fussent usés? De.29:5
      b. **La manne quotidienne venue du ciel.** Comment comprendre qu'ils aient de la manne deux fois par jour et qu'à la veille du

sabbat, Dieu double leur ration par le fait que le lendemain, il ne va pas en donner? Ex.16:5, 22,29

c. **La traversée de la Mer Rouge.** Comment comprendre que Dieu ait attendu 430 ans pour ouvrir la Mer Rouge exactement au moment où les enfants d'Israël devaient sortir d'Egypte? Et comment comprendre que Pharaon et son armée y périssent le même jour! Ex.12:40; 14:21-30

2. **Accepter ce que la science ne peut définir.**
   a. **La météorologie.** Des changements imprévisibles dans la nature. La météorologie vient avec des **prévisions** tandis que les animaux viennent avec des **précisions**. Ils savent quand il va pleuvoir. Ils savent quand viendront les tremblements de terre, les tsunamis. Comment? Nul ne sait.
   b. **Le phénomène de la reproduction.** La reproduction des hommes ou des animaux par insémination[7] artificielle; des plantes par bouturage[8] ou marcottage[9]. Comment? Nul ne le sait.

---

[7] Insémination artificielle. Technique permettant la reproduction en dehors de tout rapport sexuel par dépôt du sperme dans les voies génitales de la femme ou de la femelle.

[8] Bouturage Multiplication des végétaux par bouture.

[9] Marcottage. Procédé de multiplication végétative des plantes par lequel une tige aérienne est mise en contact avec le sol et s'y enracine avant d'être isolée de la plante mère.

La pollinisation[10] des fleurs. Comment? Nul ne le sait.
    c. **Le butinage des fleurs par les abeilles.** Sans cette opération, vos récoltes de miel seront compromises. Comment? Nul ne le sait.
3. **Reconnaitre l'autorité supérieure d'un Dieu souverain.**
    a. Il peut, sans détruire les lois de la nature, intervenir dans une situation donnée pour une raison déterminée. Dans le cas de l'aveugle-né, il lui redonne la vue et aucun oculiste ne peut y faire objection. Jn.9:1-7
    Paul et Silas ne s'inquiétaient pas pour leur peau tandis qu'ils étaient enchainés et jetés dans une prison romaine. Pourquoi? Ils voyaient la gloire de Dieu et non leur vie en danger. Ac. 16:25-31
    b. Son pouvoir n'est pas négociable comme le croyait Simon le magicien. Il ne peut être d'ailleurs l'objet d'aucune transaction. Ac. 8:13, 17-24
    c. Et pourquoi Dieu n'a-t-il pas délivré Jean-Baptiste alors qu'il a délivré Daniel et les trois jeunes hébreux de la main d'un roi cruel? Avait-il des limites ou craignait-il Hérode Antipas? Loin de là! Il y a la raison d'Etat, il y a aussi la raison de Dieu. Jean-Baptiste lui-même n'a-t-il pas dit: «Il faut qu'il croisse et que je diminue?» Jn.3:30 Il a

---

[10] Pollinisation nf Transport du pollen des étamines jusqu'au stigmate d'une fleur de la même espèce, permettant la fécondation.

diminué jusqu'à disparaitre sur la scène. Jésus a fait son éloge parce qu'il avait bien joué son rôle. Mt.11:11

La raison nourrit nos croyances. Elle est intellectuelle. Elle doit avoir des limites car on ne peut tout démontrer dans le monde. Certains faits sont admis comme des postulats. On ne peut les changer.

Vous direz par exemple: «Par un point pris hors d'une droite, on ne peut faire passer qu'une seule parallèle à cette droite».

La foi défie la raison. Il va plus loin que le postulat, il déborde sur le mystère.

Comment expliquer que trois jeunes garçons soient jetés dans une fournaise ardente chauffée sept plus qu'il ne le faut, et qu'ils en soient sortis sains et saufs alors que leurs bourreaux qui marchaient derrière eux soient morts sur le champ? C'est que la foi vit dans la réalisation de l'impossible.

Conclusion

Dieu nous donne la raison pour comprendre les choses d'ici-bas. Il nous donne la foi pour lui obéir et accepter les choses d'en haut sans les comprendre. Devant Dieu, aucune logique ne tient debout. Soumettez-vous à lui et il vous délivrera de tous vos soucis.

Questions

1. Comment comprendre le concept de la raison?
    a. On croit ce qu'on peut prouver
    b. On croit en ce qu'on a déjà expérimenté
    c. On ignore le surnaturel

2. Comment comprendre le concept de la foi ?
    a. On croit en ce qui dépasse l'imagination
    b. On accepte ce que la science ne peut définir
    c. On reconnait l'autorité d'un Dieu souverain.

3. Etablissez la différence entre la foi et la raison
    a. La raison est intellectuelle, la foi est spirituelle
    b. La raison vient de l'homme. Elle part d'en bas. La foi vient de Dieu. Elle vient d'en haut. Elle est mystère.
    c. La raison nous permet de comprendre les choses d'en bas
    d. La foi nous permet de comprendre les choses d'en-haut, les choses révélées.
4. Qu'est-ce que Dieu nous demande?
    De lui obéir avant de comprendre
5. Pourquoi?
    Parce que devant Dieu aucune logique ne tient.

Leçon 8
La foi et la prière

Testes pour la préparation: 2R.4:34-35; Mt.21:22; Mc.2:5; Lu.7:9; 12:28; 21:15; 18:1-8; Jn.3:36; 5:24; Ac.3:5-6; 14:9; Ep.2:8; Ja.1:6; 5:15; He.11:6
Versets à lire en classe: Lu.18:1-8
Verset de mémoire: Et Dieu ne fera-t-il pas justice à ses élus, qui crient à lui jour et nuit, et tardera-t-il à leur égard? **Lu.18:7**
Méthodes: Discours, comparaisons, questions
But: Montrer que la prière et la foi sont inséparables.

Introduction
Si la foi est un fil invisible et présent qui nous relie à Dieu, ce fil ne peut être soutenu sans la participation d'une force particulière. Cette force c'est la prière et c'est d'elle que nous allons vous entretenir.

I. La prière
1. Elle s'exprime dans la dépendance totale de Dieu. Ac.14:9
2. Elle engage toutes les facultés du corps, de l'âme et de l'esprit. Tous y participent.
3. Elle nous jette parfois dans la contemplation. L'âme communie avec le créateur au moment où le croyant fait le vide en lui-même pour parler à Dieu. Mt.21:22; Ja.1:6
4. C'est le meilleur moyen d'augmenter notre ligne de crédit auprès de Dieu. Plus nous prions, plus nous nous approchons de Dieu, et plus nous le cherchons, plus il est prêt de nos besoins. Il nous touche, nous change et bannit nos inquiétudes. Mc.2:5; Lu.7:9; 12:28

5. C'est pourquoi il nous dit d'insister dans la prière de la foi pour l'exaucement à nos prières. Lu.18:1-8

II. La prière de la foi
Elle est obligatoire
1. **Pour être agréable à Dieu.** La foi n'est retenue que par les mains jointes devant Dieu et dans l'humilité. Hé.11:6
2. **Pour guérir les malades.** Dieu nous utilise comme son instrument pour véhiculer la guérison dans le corps du malade. Ac.3:5-6; Ja.5:15
3. **Pour démêler les situations difficiles.** Il nous donne une sagesse à laquelle nul ne saurait résister. Lu.21:15
4. **Pour réaliser l'impossible.** Le fils de la Sunamite est retourné à la vie grâce à l'action du Saint-Esprit dans Elisée, un homme de foi. 2R.4:34-35
5. **Pour aller au ciel.** Notre salut est par grâce, par le moyen de la foi. Ep.2:8
Le consul d'un pays vient chez vous et vous donne le visa d'entrée dans son pays. Jésus vient du ciel. Son service d'immigration est à la croix du calvaire. L'ambassade c'est lui-même. Il signe avec son sang notre passeport pour la vie éternelle. Dès ici-bas, nous avons la certitude du salut par la foi en Jésus-Christ. Jn.3:36; 5:24

Conclusion

Si tout est sombre, oh! Ne perds pas courage. Ne doute pas du Dieu vivant. Même au milieu des fureurs de l'orage, demeure en paix, crois seulement.

Questions

1. Quelle est la force qui met notre foi en évidence?
   La prière
2. Comment s'exprime-t-elle?
   a. Dans la dépendance totale de Dieu
   b. Dans la participation de toutes nos facultés.
   c. Dans la contemplation du divin créateur
3. Quel avantage a-t-on de prier?
   a. Dieu augmente notre ligne de crédit spirituel
   b. Il devient plus prêt de nos besoins
   c. Il nous change et bannit nos inquiétudes
4. Quel est le but de la prière de la foi?
   a. De nous rendre agréable à Dieu
   b. De guérir les malades
   c. De démêler les situations difficiles
   d. De réaliser l'impossible.
   e. De nous rapprocher du ciel.

Leçon 9
La foi et les œuvres

Textes pour la préparation: Ex.17:6; Mc.8:35; Jn.3; 16; 19:30; 14:12; Ac.1:8; 1Co.9:27; Ep.2:10; Ga.5:6; Ph.3:18-19; 2Ti.2:4; 3:12; 4:5; Phl.5, 18; Hé.11:35-38; Ja.2:14-26; 1Pi.2:9
Verset à lire en classe: Ja.2:14-26
Verset de mémoire: Comme le corps sans esprit est mort, de même la foi sans les œuvres est morte. **Ja.2:26**
Méthodes: discussion, comparaisons, questions
But: Montrer le rôle des œuvres dans le salut du croyant.

Introduction
Certaines religions préconisent le salut par les œuvres, d'autres par la foi. Entre ces deux extrêmes l'apôtre Jacques veut rechercher le juste milieu. Ecoutons l'apôtre :

I. La foi démontrée par les œuvres. Ja. 2:18
Dire qu'on croit en Dieu sans en faire la démonstration, est une affirmation gratuite. Le croyant n'a aucune raison de le dire, il n'a seulement qu'à le prouver.
1. Abraham a fait un acte de foi en offrant Isaac en sacrifice à l'Eternel. Ja.2:21
2. Rahab a fait un acte de foi en cachant les espions au nom de l'Eternel. Ja.2:25
3. Moise a fait un acte de foi en frappant le rocher d'Horeb, la première fois, pour désaltérer les enfants d'Israël et abreuver les troupeaux. Ex.17:6

II. Le salut par les œuvres.
1. **Il est réfuté par la Bible.** Christ a tout accompli pour nous sauver. Nous ne sommes pas sauvés par les œuvres mais en vue de faire les œuvres. C'est là que nous prouvons que nous sommes réellement sauvés. Ep.2:10; Ja.2:18

2. **La foi sans les œuvres est une foi morte.** Ja.2:17
Vous ne servez pas Dieu quand vous venez à l'Eglise pour chanter, prier et retourner chez vous ou à vos occupations. Ici vous rendez service à vous-même et non au Seigneur. Vous pratiquez un Christianisme sur «chaise roulante».
Quand vous allez visiter les malades et, prier avec eux; quand vous prêchez la Parole ou témoignez pour Christ; quand vous sacrifiez vos aises, vos préférences, quand vous prenez un congé de travail pour aller annoncer Jésus-Christ, alors vous rendez service à Dieu. Vous avez maintenant un Christianisme de soldat sur le champ de bataille, d'un Ambassadeur pour représenter la nation Sainte de Dieu. 1Pi.2:9
N'attendez pas d'être porté sur la liste des prédicateurs pour le faire. Les douze apôtres n'étaient pas des pasteurs.

III. **Le principe: sauver pour servir.**
1. Jésus nous sauve par un acte. Il nous faut le servir par des actes. Jn.19:30; Ac.1:8

Nous sommes son ouvrage, ayant été créé en **Jésus-Christ** pour de bonnes œuvres, que Dieu a préparées d'avance afin que nous les pratiquions. Ep.2:10
   a. Il nous a sauvés par un sacrifice, nous devons le servir par des sacrifices. 2Tim.2:4; 3:12; 4:5
   b. Son amour pour nous l'a conduit à la croix. Jn.3:16
   Notre reconnaissance envers lui doit nous conduire au service, au sacrifice, au martyr même s'il le faut. Hé.11:35-38
2. Celui qui voudra sauver sa vie la perdra. Mc.8:35; Paul dira: «Je traite durement mon corps» 1Co.9:27 et il s'est mis en peine pour ceux-là qui marchent en ennemi de la croix de Christ. Pourquoi? Parce qu'ils n'ont pas la foi, ils ont pour dieu leur ventre; ils s'attachent aux choses de la terre. Ph.3:18-19

IV. **La foi dans l'amour**
1. Il n'y a rien de mécanique dans cette foi. Elle doit avoir pour motif l'amour en Christ.
2. Voilà pourquoi Paul pouvait demander à Philémon de recevoir Onésime, son ancien esclave. Celui-ci vient de purger une peine de prison pour un vol domestique perpétré chez son maître. Phl.5. Paul évoque la foi jointe à l'amour dans Philémon pour accepter Onésime son ancien esclave maintenant converti. Phl.16
3. Et il se dispose à supporter les dommages. Phl.18

4. L'amour en Christ seul peut produire cette foi. Ga.5:6

Conclusion

Si vous avez la foi en Jésus-Christ, préparez-vous à faire de plus grande choses que lui. Quel défi! Jn.14:12

Questions

1. Comment peut-on démontrer la foi?
   Par les œuvres
2. Donnez des exemples
   a. Abraham dans le sacrifice d'Isaac
   b. Rahab en cachant les espions de Josué
   c. Moise en frappant le rocher d'Horeb
3. Peut-on être sauvé par les œuvres?
   Non. On est sauvé par la foi en Jésus-Christ.
4. Comment considérer la foi sans les œuvres?
   C'est une foi morte.
5. Donnez la vraie réponse
   a. La foi vit dans l'amour
   b. La foi vit dans le raisonnement
   c. La foi vit dans la peur.
   d. La foi vit dans la réalisation de l'impossible
6. Vrai ou faux
   Je sers Dieu
   a. Quand je vais chanter et prier à l'Eglise _ V _ F
   b. Quand je vais prêcher l'Evangile __ V __ F
   c. Quand j'exhorte un chrétien __ V __ F
   d. Quand je contribue dans l'Eglise __V __ F
   e Dieu nous sauve par un sacrifice __V__F
   f. Nous devons le servir par des sacrifices _ V _ F
   g. Dieu nous sauve par amour __V __ F
   h. Nous devons le servir avec amour _ V _ F

Leçon 10
L'exercice de la foi.

Textes pour la préparation: 1S.17:47; Mt.8:23-27; 28:20; Lu.18:42; Ro.5:1; 2Ti.1:12; 2Co.12:10; Ga.3:9; Col.3:15; 1Pi.1:6-7; 5:9; Ja.1:3; 1Jn.5:4
Verset à lire en classe: 1Jn.5:1-5
Verset de mémoire: Car tout ce qui est né de Dieu triomphe du monde; et la victoire qui triomphe du monde, c'est notre foi. **1Jn.5:4**
Méthodes: discours, comparaisons, questions
But: Considérer la foi comme une course interminable.

Introduction
Si la foi sans les œuvres est une foi morte, la foi sans l'épreuve n'existe pas.

I. **Il faut à la foi, un problème que Dieu seul peut résoudre dans le délai de Dieu.**
   1. **Il peut être une épreuve terrifiante:** Les disciples en connaissaient dans une tempête soulevée au milieu de la mer de Galilée. Christ devait leur reprocher leur manque de foi. Mt.8:23-27

   2. **Il peut être une épreuve corporelle.** Paul en connaissait quand il fut cinq fois battus de verge avec un record de 40 coups moins un. Sa vie était toujours en péril et il y prenait son plaisir parce que Jésus avait promis d'être avec nous tous les jours. Mt.28:20; 2Co.12:10

3. **Il peut être une épreuve permanente.** Le monde avec ses attraits est toujours là. Vous êtes tenté d'abandonner un service d'Eglise pour un match de football, un programme à la radio ou à l'internet, pour un bal dans un night-club ou un désir de la chair. Christ nous avait donné la victoire sur le monde. Cette victoire est maintenue par la foi. 1Jn.5:4
   - a. Je sais en qui j'ai cru dira Paul. Voilà qui m'aide à garder le bon dépôt de l'Evangile. 2Ti.1:12
   - b. Pierre encourage les chrétiens de la Diaspora à garder la foi au milieu des épreuves. 1Pi.1:6-7.

Résultats:
1. Cette foi produira ainsi la patience. Ja.1:3
2. Elle produira des miracles. Ta foi t'a guéri. Lu.18:42
3. Elle produira la victoire. David s'était exercé à combattre les bêtes sauvages. Le match avec Goliath lui était trop facile à gagner. 1S.17:47
4. Elle engendrera des bénédictions. Ga.3:9.
5. Elle apportera la paix avec Dieu. Ro.5:1
6. Elle désarmera Satan le diable. 1Pi5:9
7. Elle forcera notre reconnaissance envers Dieu. Col.3:15

Conclusion
Exercez-vous à cette foi. Gardez-la comme une arme précieuse, indispensable jusqu'à la fin.

Questions

1. Comment considérer la foi sans l'épreuve?
   La foi sans l'épreuve n'existe pas
2. Pourquoi? Parce qu'il lui faut un problème à résoudre.
3. Donnez-en trois terrains d'application avec des exemples?
   a. Epreuve terrifiante: La tempête au milieu de la mer de Galilée
   b. Epreuve physique: Paul battu, emprisonné et en péril plusieurs fois
   c. Epreuve permanente: le monde qui nous attire dans tous les sens
4. Comment maintenir la foi?
   a. Il faut une conviction arrêtée
   b. Il faut qu'on accepte des exhortations des autres
5. Quels sont les résultats quand on exerce la foi?
   a. La foi produit la patience, les miracles et la victoire.
   b. Elle engendrera des bénédictions et la paix avec Dieu.
   c. Elle désarme Satan le Diable et force notre reconnaissance envers Dieu.

Leçon 11
Thanksgiving, il y a plus

Textes pour la préparation: Ex.35:5; Ps.34:8; 103:1-3; 121:4; Mal.3:10; Mt.8:17; Mc.8:38; Jn.3:16; 15:5; Ro.5:1-8; 8:1; 2Co.5:20; Col.3:15; Ti.1:12; Hé.4:4; Ap.3:12

Verset à lire en classe: Ro.5:1-8

Verset de mémoire: Mais Dieu prouve son amour envers nous, en ce que, lorsque nous étions encore des pécheurs, Christ est mort pour nous. **Ro.5:8**

Méthodes: discours, comparaisons, questions

But: Motiver les chrétiens à célébrer plus décemment la Fête d'Actions de grâces.

Introduction
«Merci» est très souvent ce mot de deux syllabes que le bienfaiteur espère entendre de la bouche du bénéficiaire. Mais il y a plus.

I. Le sentiment de reconnaissance.
1. On doit se sentir redevable envers le bienfaiteur. Au moment où il vous avait aidé, il ne vous devait rien. Son geste était plutôt humanitaire, désintéressé.
2. Il lui a coûté de le faire pour vous. C'était peut-être la seule façon pour vous délivrer.
   a. Jésus nous a sauvés au moment où la Loi, le Sabbat et les sacrifices ne pouvaient le faire.
   b. Il a payé pour nous un prix imbattable. Jn.3:16

   Un simple merci ne peut suffire. **Il y a plus.**

II. **Le respect pour le bienfaiteur dans la gérance du bienfait.**
   1. L'estime qu'on témoigne au bienfaiteur traduit notre appréciation pour le bienfait reçu. Hé.4:4
   2. Paul appelle le «Bon dépôt» l'Evangile qu'il a reçu et qu'il prêche pour augmenter la clientèle du Seigneur. 2Ti.1:12 **Mais il y a plus**

III. **L'acclamation du bienfaiteur au milieu de ses ennemis.**
   1. On ne doit pas avoir honte de le faire devant quiconque. On ne peut le cacher, à moins d'être lâche ou hypocrite.
   2. On doit louer Dieu pour ses hauts faits, pour ses bienfaits. Ps.103:1-3
   3. Cela doit être une manifestation publique de votre joie. Sinon, le Seigneur se sentira embarrassé de vous présenter devant son Père au dernier jour. Soulignez **dernier jour.** Mc.8:38
   Mais il y a encore plus.

IV. **Une offrande en nature ou en espèce apportée avec un cœur bien disposé. Ex.35:5**
   Il nous faut reconnaitre les bienfaits de sa grâce.
   1. Il a multiplié notre minimum au maximum. Mal.3:10
   2. Il veille sur nous jour et nuit. Ps.34:8; 121:4
   3. Il s'est chargé de nos péchés, de nos maladies, de nos infirmités. Mt.8:17
   4. Il s'est chargé de nos accusations et de la pénalité pour nous épargner la prison éternelle. Ro.8:1

5. Il nous appelle amis, fiancées, ambassadeurs, et plus tard, il nous appellera épouse. Jn.13:13; 15:15; 2Co.5:20; Ap.3:12
Que vous faut-il de plus?

Conclusion
Soyons reconnaissants. Col.3:15

Questions

1. Qu'exprime-t-on dans la fête d'Action de grâces?
   Un sentiment de reconnaissance
2. L'estime pour le donateur dans la gérance du bienfait.
3. La louange au bienfaiteur au milieu de ses ennemis.
4. Qu'est-ce que cette fête suppose?
   a. Une offrande en nature ou en espèce apportée à ce bienfaiteur
   b. Un service de louange à ce bienfaiteur.
5. Pourquoi une fête d'Action de grâces à Dieu?
   a. Il nous donne le maximum à partir de notre minimum
   b. Il veille sur nous nuit et jour
   c. Il se charge de nos infirmités de nos maladies et même de nos péchés
   d. Il nous sauve de la mort et de la condamnation éternelle.
   e. Il nous appelle ami, fiancée et bientôt épouse.

Leçon 12
Une Noel bien singulière

Textes pour la préparation: 1S.15:22-23; Es.53:5-7; Mt.4:4; 25:37-40; 26:6-12; Lu.2:49; Jn.5:24; 19:25-28; 2Co.5:17
Versets à lire en classe: 1S.15:22-23
Verset de mémoire: Voici, l'obéissance vaut mieux que les sacrifices, et l'observation de sa parole vaut mieux que la graisse des béliers. **1S.15:22b**
Méthodes: Discours, comparaisons, questions
But: Offrir un spectacle de Noel très différent.

Introduction
Et si c'était la dernière, comment l'auriez-vous célébrée? Laissez-moi vous donner des suggestions. Puisque nous avons vécu l'histoire de Jésus-Christ et que l'heure de son retour approche, voici ce que je ferais:

I. J'aurais mis la croix de Golgotha dans sa crèche à Bethléem.
1. La crèche est liée à la croix. Jésus a pris notre misère, il est mort pour nous, pécheur. Es.53:5
2. Son séjour à l'étable serait de courte durée car il sera bientôt en route pour s'occuper des affaires de son Père. Lu.2: 49
3. Il doit prendre la route du sacrifice tout embaumé du parfum de Marie avant sa sépulture. Mt.26:6-7,12

II. J'aurais apporté un mouchoir à Marie, car une épée va lui transpercer l'âme. Lu.2:35; Jn.19:25

1. Marie aurait pu attendre un Messie national. Un successeur de Joseph dans les devoirs de famille. Jn.19:26
2. Marie croyait élever un enfant extraordinaire. Oui, il l'était mais dans une dimension au-delà de ses prévisions. Jn.19:28
3. La mort cruelle et honteuse de Jésus était assez pour mutiler[11] les entrailles de cette femme extraordinaire.

III. J'aurais enlevé certains jouets trouvés aux pieds de son berceau: les fusils, les bombes, les revolvers en plastique et les feux d'artifices.

Jésus est le prince de paix. Il s'est annoncé comme tel dans la bouche des anges. Il a laissé la terre en la donnant gratuitement. Il a payé cher pour cette paix. Car le châtiment qui nous donne la paix est tombé sur lui. Esa.53:5

IV. J'aurais mis une copie de la Torah à la tête de son berceau.
1. La Bible est son livre de chevet. Il vit de la Parole de Dieu, son Père. Mt.4:4
2. Il le proclame et nous demande de l'observer. Jn.5:24
3. Cette parole détruit nos vieilles habitudes, neutralise nos vieilles tendances pour nous amener à la sanctification. 2Co.5:17

V. J'aurais mis en réserve pour lui
a. Un parfum de grand prix
b. Une robe sans couture

---

[11] Mutiler vt Détériorer, détruire, défigurer

      c. Un rameau d'olivier
      d. Un temple de grand prix
      e. Une voiture de grand prix

VI. **J'aurais fait ce qu'il m'a recommandé**
      a. Un repas pour les nécessiteux
      b. Des habits neufs pour les pauvres
      c. De l'argent pour contenter leurs désirs
      d. Une journée entièrement consacrée à visiter les malades et une autre à visiter les prisonniers.
      e. Une journée entière à aider les étrangers à remplir leurs papiers d'immigration. Et tout cela au nom de Jésus.

VII. **L'injure faite à Jésus et qu'il comprend bien**
Voir la Noel comme une fête de famille pour échanger des cadeaux avec des parents et des amis au nom de Jésus qui n'en reçoit aucun. Manger et boire à l'excès jusqu'à l'indigestion au nom de Jésus qui n'y participe pas. La vraie Noel oblige à une action sociale envers les pauvres, les affligés, les prisonniers, les sans-pains, les sans-logis, les laissés-pour-compte. Mt.25:37-40
Jésus dira: «Ils sont les plus petits de mes frères à qui vous avez fait ces choses.»: Voilà la vraie Noël. Mt.25:40

Conclusion
Célébrez cette Noel. Vraiment, il y a plus que les magasins, les gâteaux et les cadeaux.

Questions

1. Quel est le rapport de Bethléem à Golgotha?
   a. C'est un résumé de l'histoire vécue de Jésus et de sa mission.
   b. C'est en raccourci l'histoire du plan de Dieu pour l'humanité.
   c. C'est un résumé de tout le Nouveau Testament.
2. Comment expliquer les souffrances de Marie ?
   a. Elle aurait pu attendre un Messie national.
   b. Elle aurait pu attendre un successeur à Joseph dans les devoirs de famille.
   c. La mort cruelle de son fils devait mutiler ses entrailles.
3. Quels sont les jouets inappropriés à la crèche de Jésus? Les fusils, les bombes et les revolvers en plastic
4. Pourquoi? Parce que Jésus est le prince de la paix.
5. Citez les vrais cadeaux de Noel
   a. Des choses de valeurs inestimables et significatives apportées en don à son Eglise pour son avancement.
   b. La visite aux malades, aux prisonniers, aux gens abandonnés au nom de Jésus.
   c. L'aide aux étrangers, aux orphelins et aux veuves au nom de Jésus. Les laines, les repas et de l'argent au nom de Jésus.

Récapitulation des versets

Leçon 1
Voici, son âme est enflée, elle n'est pas droite en lui; mais le juste vivra par la foi. **Ha.2:4**

Leçon 2
Car c'est par la grâce que vous êtes sauvés, par le moyen de la foi. Et cela ne vient pas de vous, c'est le don de Dieu. **Ep.2:8**

Leçon 3
Nous ne sommes pas de ceux qui se retirent pour se perdre, mais de ceux qui ont la foi pour sauver leur âme. **Hé.10:39**

Leçon 4
O Eternel, qui séjournera dans ta tente? Qui demeurera sur ta montagne sainte ? Celui qui marche dans l'intégrité, qui pratique la justice et qui dit la vérité selon son cœur. **Ps.15:1-2**

Leçon 5
Prenez par-dessus tout cela le bouclier de la foi, avec lequel vous pourrez éteindre tous les traits enflammés du malin. **Ep.6:16**

Leçon 6
Car celui qui doute est semblable au flot de la mer, agité par le vent et poussé de côté et d'autre. Qu'un tel homme ne s'imagine pas qu'il recevra quelque chose du Seigneur. **Ja.1:6b-7**

Leçon 7
Job répondit a l'Eternel et dit: «Voici, je suis trop peut de chose; que te répliquerai-je? Je mets la main sur ma bouche.» **Job. 39:36-37**

Leçon 8
Et Dieu ne fera-t-il pas justice à ses élus, qui crient à lui jour et nuit, et tardera-t-il à leur égard? **Lu.18:7**

Leçon 9
Comme le corps sans esprit est mort, de même la foi sans les œuvres est morte. **Ja.2:26**

Leçon 10
Car tout ce qui est né de Dieu triomphe du monde; et la victoire qui triomphe du monde, c'est notre foi. **1Jn .5:4**

Leçon 11
Mais Dieu prouve son amour envers nous, en ce que, lorsque nous étions encore des pécheurs, Christ est mort pour nous. **Ro.5:8**

Leçon 12
Voici, l'obéissance vaut mieux que les sacrifices, et l'observation de sa parole vaut mieux que la graisse des béliers. **1S.15:22b**

Table des Matières

Série 1 - En Christ 4
Leçon 1: Une nouvelle créature 6
Leçon 2: Caractéristiques exceptionnelles 9
Leçon 3: Une défense exceptionnelle 13
Leçon 4: Une connaissance exceptionnelle 17
Leçon 5: Un avenir exceptionnel 21
Leçon 6: Une vision exceptionnelle 24
Leçon 7: Une espérance exceptionnelle 28
Leçon 8: Un système exceptionnel de
communication 32
Leçon 9: Un système de contrôle exceptionnel 35
Leçon 10: Une autorité exceptionnelle 38
Leçon 11: Les Rameaux et les pleurs 41
Leçon 12: Une victoire exceptionnelle 45
Récapitulation des versets pour le trimestre 50

Série 2 - L'Onction 53
Leçon 1: L'onction un privilège 54
Leçon 2: Le sort des choses consacrées l'Eternel . 57
Leçon 3: Buts de l'onction 61
Leçon 4: L'onction de l'Eternel sur un athée 65
Leçon 5: L'onction du Fils de Dieu 69
Leçon 6: L'onction du chrétien 73
Leçon 7: Le maintien de l'onction 77
Leçon 8: Privilèges exclusifs de l'oint 80
Leçon 9: Ce qu'il ne faut pas confondre 84
Leçon 10: Les restrictions de l'oint 87
Leçon 11: L'éducation chrétienne,
un job comme tous les autres 90
Leçon 12: Comment concevoir l'Education
chrétienne 93
Récapitulation des versets pour le trimestre 96

Série 3 - Les Rois De Juda 98
Leçon 1: Les conditions de Dieu pour l'institution
de la royauté en Israël 100
Leçon 2: Roboam, roi de Juda 103
Leçon 3: Asa, roi de Juda 106
Leçon 4: La fin d'Asa 109
Leçon 5: Josaphat, roi de Juda 112
Leçon 6: Joram, roi de Juda 115
Leçon 7: Joas, roi de Juda 119
Leçon 8: Amatsia, roi de Juda 124
Leçon 9: Ozias, roi de Juda 127
Leçon 10: Achaz, roi de Juda 130
Leçon 11: Ezéchias, roi de Juda 134
Leçon 12: La fin du roi Ezéchias 137
Récapitulation des versets 140

Série 4 - La Foi 144
Leçon 1: La foi, une vertu divine 144
Leçon 2: Comment gérer la foi 148
Leçon 3: Comment gérer la foi (suite) 152
Leçon 4: La foi vertu et la foi subie 156
Leçon 5: La foi et ses incidences 161
Leçon 6: La foi et le doute 165
Leçon 7: La foi et la raison 169
Leçon 8: La foi et la prière 174
Leçon 9: La foi et les œuvres 177
Leçon 10 181
L'exercice de la foi. 181
Leçon 11: Thanksgiving, il y a plus 184
Leçon 12: Une Noel bien singulière 187
Récapitulation des versets 191

Rev. Renaut Pierre-Louis

Esquisse Biographique

Pasteur de l'Eglise Baptiste à Saint Raphael	1969
Diplômé du Séminaire théologique Baptiste d'Haïti	1970
Diplômé de l'Ecole de Commerce Julien Craan	1972
Professeur de langues vivantes au Collège Pratique du Nord au Cap-Haitien	1972
Pasteur de la Première Eglise Baptiste au Cap-Haitien	1972
Pasteur de l'Eglise Baptiste Redford, Cité Sainte Philomène	1976
Diplômé de l'Ecole de Droit du Cap-Haitien,	1979
Fondateur du Collège Redford et de l'Ecole Professionnelle ESVOTEC,	1980
Pasteur de l'Eglise Baptiste Emmaüs à Fort Lauderdale	1994
Pasteur de l'Eglise Baptiste Péniel à Fort Lauderdale	1996

Pasteur militant pendant quarante-six ans, avocat, poète, écrivain, dramaturge, Ce serviteur du Seigneur vous revient aujourd'hui avec "**La Torche Vibrante**", un ouvrage didactique de haute portée théologique qui a déjà révolutionné le système d'enseignement dans nos Écoles Du Dimanche, et dans la présentation du message de l'Evangile.

"**La Torche Vibrante**" vous est aussi présentée en livret trimestriel sans nous écarter de notre promesse de vous enrichir avec douze volumes empreints de variété et de profondeur.

Pasteurs de recherche, prédicateurs de réveil, moniteurs de carrière, chrétiens éveillés, prenez "La Torche" et passez-la.
2 Tim. 2:2

www.ingramcontent.com/pod-product-compliance
Lightning Source LLC
Chambersburg PA
CBHW071617080526
44588CB00010B/1164